PUNTO FINAL

TODO SOBRE EL SUICIDIO

DRA. ANA KELLEYIAN MANOUKIAN
Y EQUIPO

Este libro es para vos, porque sabes que el suicidio *existe*. Porque puedes prevenirlo. Porque puedes ayudar a quienes quedan vivos. Porque la esperanza también *existe*.

Agradecida a los coautores la Dra. Cintia Puleo y al Pastor Gustavo Romero, siempre dispuestos a colaborar con su profesionalismo y experiencia.

Índice

El suicidio no es abominable porque Dios lo prohíba,
Dios lo prohíbe porque es abominable.
Enmanuel Kant

Prologo

El Día Mundial para la Prevención del Suicidio, organizado por la Asociación Internacional para la Prevención del Suicidio es el 10 de septiembre de cada año.

¿Porque escribir sobre el suicidio?

En diciembre de 2019, conté en una clase de Neurociencias y Fe, acerca de una investigación, que concluía en que las personas operadas del cerebro estaban más abiertas a la espiritualidad.

Recuerdo que una alumna, enfermera en la terapia intensiva de un hospital dijo que ella veía día tras día a operados del cerebro, pero nunca notó que estuvieran más espirituales. Claro, el resultado de una incipiente espiritualidad no es inmediato durante los días de terapia intensiva.

Sin embargo, otro alumno, Nico, agregó que él conocía a un hombre que, luego de una operación de la cabeza, se convirtió, cambió su vida y se empezó a congregar en su misma iglesia. Yo empecé a indagar sobre qué tipo de operación o qué zona del cráneo le abrieron, porque esos temas me atraen. Nico dijo: este hombre se suicidó y no se murió, se dio un tiro en el paladar, le atravesó el cerebro y le rompió el cráneo, pero no murió. Era un sábado; al final de la clase, empecé a preguntarle a Nico por ese caso y por si podría contactarme con él. El domingo vio a "ese hombre" quien, luego de hablarme, el lunes lo tenía sentado en mi oficina contándome su impresionante historia.

Luego llegó el coronavirus. La cuarentena me tomó por sorpresa, pero no dejé de leer, investigar y conversar "virtualmente" sobre el tema, escuchando y leyendo testimonios de familiares y estudiando el tema con especialistas y profesionales de diferentes áreas: psicólogos, eticistas, pastores, teólogos, psiquiatras y personalidades de nuestro país y del extranjero con cargos representativos en comunidades espirituales.

Al pensar en diferentes catástrofes, de esas que afectan a parte del mundo como tsunamis, terremotos, atentados o a las que afectan a todo el mundo directa o indirectamente, como las guerras mundiales, las epidemias o como en este caso: la pandemia COVID-19, puedo observar las consecuencias múltiples: sociales, económicas, académicas, familiares, éticas y morales. Estas últimas son parte de mi especialidad, además de las psicológicas, las teológicas y las de salud mental. Por aquí este libro tiene algo que decir: las consecuencias de las catástrofes llevan al miedo, a los terrores nocturnos, al estrés post traumático, al burnout, a la ansiedad, a la angustia, a los sueños perturbadores, a los ataques de pánico, a las crisis existenciales, a las autoagresiones y a los suicidios.

Esta es una época en la que proliferan las consultas psicológicas, los psicofármacos, las enfermedades psicosomáticas y los suicidios.

¿Cuál es la causa de estos males? ¿Qué lleva a una persona a suicidarse? ¿Qué lleva a un creyente a matarse? ¿Qué lugar ocupa su Dios? ¿Qué pasa en su mente, en su cerebro, en su familia, en su iglesia, entre sus amigos?

He aquí otro tema ético que requiere una respuesta: Si un cristiano se suicida, ¿pierde la salvación? ¿Es el suicidio un pecado imperdonable? ¿Cómo sigue la vida después de que alguien cercano se suicidó?

Haciendo eco de Pascal, creo que "lo último que debe escribirse en un libro, es lo primero que debe exponerse". Este fue el prólogo.

Capítulo 1

LA HISTORIA. LAS HISTORIAS

Siempre me pareció bueno para comprender mejor un tema, definir el término en cuestión. El Diccionario de términos éticos expresa: Suicidio. "Del latín *sui* (de sí) y *caedere* (matar), acción de quitarse uno a sí mismo la vida. Ello, antes de cualquier tipo de comprensión y de posible explicación del hecho en sí, plantea de manera dramática el sentido mismo de la vida...No hay más que un problema filosófico verdaderamente serio: el suicidio, llamado por algunos *"crimen de sí mismo"*. Juzgar que la vida vale la pena de que se viva es responder a la pregunta fundamental de la filosofía.

Colaboré...con asociaciones y grupos "celestes" en Latinoamérica en defensa de la vida del niño por nacer, en defensa de la familia, y en contra de medicaciones y prácticas abortivas. Al tiempo me planteé que si toda vida vale y en el otro extremo están quienes se suicidan, también debería estudiar y escribir sobre este tema.

El principio

Cuando hablamos de la historia, vamos hasta donde nos encontramos con alguna referencia escrita, una pintura o escultura, una ciudad perdida, unos huesos o algo para que los estudiosos nos cuenten los inicios fehacientes. Todo lo anterior pudo haber sucedido, pero no hay registros seguros.

Así sucedió con el inicio de la neuropsicología como ciencia: pudo haber descubrimientos o casos anteriores, estudios o conferencias, análisis de laboratorios. Pero hubo alguien que hizo el primer registro y allí se determinó que empezaba la historia. La relación entre el lóbulo frontal y la conducta tiene su génesis por 1848, con el Doctor John Martyn Harlow quien vio, investigó y escribió acerca de un hecho curioso. A pesar de que primero lo vio otro doctor, Edward Higginson Williams, fue Harlow quien siguió el caso y luego de años de observaciones lo escribió y – como se estilaba – lo dibujó. Años más tarde el "curioso hallazgo" fue fotografiado por Harlow en 1868 (ver abajo la fotografía), para presentarlo en la Sociedad Médica de Massachusetts, considerado como el mayor enigma de la neurobiología.

El hallazgo era un hombre con un accidente tan especial que años después, dio origen a nuevas ciencias; tanto, que la noticia en el Boston Post del 21 de setiembre de 1848 titulaba: HORRIBLE ACCIDENTE, y le daba un pequeño espacio que decía: *Phineas Gage, un capataz en el ferrocarril en Cavendish, fue contratado ayer para una explosión; la pólvora explotó mientras llevaba un instrumento de hierro de una pulgada y un cuarto en circunferencia, y tres pies y ocho pulgadas de longitud, que estaba utilizando en ese momento. El hierro entró por el lado de su cara, rompiendo la mandíbula superior, y pasando por atrás del ojo izquierdo y hacia fuera, atravesando la parte superior de la cabeza. La circunstancia más singular relacionada con este dramático asunto es que estaba vivo y en plena posesión de su razón y libre de dolor.* Firmado Ludlow, Vt., Unión.

La historia es que Gage, el 13 de septiembre de 1848, trabajando como cada día, dirigía un grupo que estaba volando rocas para abrir paso a la construcción de las vías del ferrocarril Rutland & Burlington, al sur de Cavendish, Vermont. Para ello, como siempre, preparaba las detonaciones perforando un agujero en la roca, añadiendo explosivos, arena, y el detonador para terminar compactando esta carga con una barra de hierro.

Allí se dio el lamentable suceso. Gage, aunque sin estudios, llevaba una vida equilibrada, era un hombre inteligente, enérgico, afable, trabajador y persistente en sus planes, según contaron sus cercanos.

Después del accidente lo llevaron en una carreta varios kilómetros hasta un hotel. Imaginar los vaivenes de la carreta en caminos rocosos para un hombre con una barra de hierro de ese tamaño incrustada en el cerebro nos basta para entender que no es el mejor trayecto en pos de la salud bio-mental. Sorprendentemente Gage sobrevivió al infortunio, se mantuvo consciente en todo momento y podía hablar sin quejarse del dolor, aun habiendo perdido masa cerebral.

Podemos entender lo que ocurrió a partir del relato que el doctor Harlow preparó veinte años después: La recuperación física de Gage fue completa; sin embargo, con cada año que pasaba, se podía observar un desequilibrio entre la propia intelectualidad o cognición con sus instintos. Gage se volvió irascible, irreverente, obstinado, blasfemo, impaciente, impulsivo, a tal grado que no llegaba a concluir sus propios planes. Esto contrastaba con el hecho de que, previo al accidente era un hombre responsable, mientras ahora actuaba al contrario de su propia conveniencia.

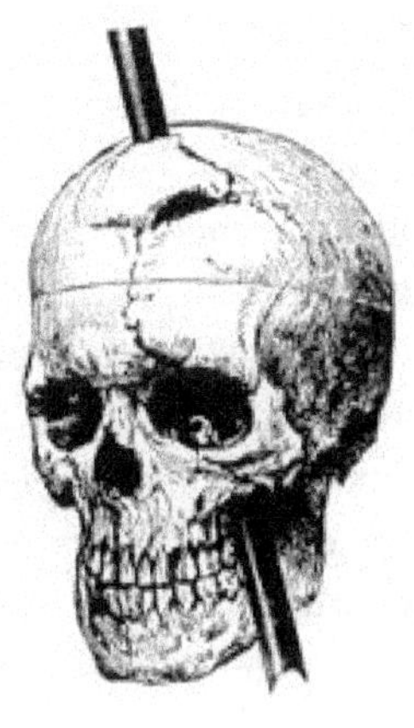

Trayectoria de la barra a través del cráneo, según Harlow

Lo cierto es que Gage sufrió cambios notorios en su personalidad y temperamento, lo que se consideró prueba de que los lóbulos frontales eran los encargados de procesos relacionados con las funciones ejecutivas, la relación interpersonal, la emocionalidad y la personalidad que permiten dirigir la conducta hacia un fin e incluyen la capacidad para planificar, llevar a cabo y corregir los comportamientos. Por esto es que Gage perdió su trabajo en el ferrocarril. Su impulsividad lo hacía perder las relaciones laborales, así que empezó a trabajar solo, en Chile, como conductor de diligencias, para al fin reunirse con su familia en San Francisco, California, con su salud muy deteriorada por sufrir también crisis epilépticas. Murió a los 38 años (1823 a 21.05.1861).

Antes de Gage se consideraba a la región frontal del cerebro sin una función específica. Actualmente, tanto el cráneo como la barra de hierro se conservan en el Harvard Medical School, como prueba científica de que una lesión en el lóbulo frontal altera la conducta y la interacción social.

El neurólogo Antonio Damasio ha estudiado en profundidad el caso de Phineas Gage, así como otros casos similares en su libro *El error de Descartes* (1994), ratificando la relación que existe entre los lóbulos frontales, la conducta afectiva y la toma de decisiones. Así mismo considera este caso como histórico por creer que fue el comienzo del estudio de la base biológica del comportamiento. Su esposa e investigadora Hanna ha profundizado en el conocimiento del caso de Phineas y en la localización de sus lesiones utilizando los restos del cráneo y la barra para hacer una simulación computarizada de la posible trayectoria de esta, concluyendo que la barra había afectado la zona medial de ambos lóbulos frontales. Hoy, con una tecnología mucho más avanzada, el Investigador Jack Van Horn, profesor de neurología de la Universidad de California, Los Ángeles (UCLA) y su equipo, recrearon el daño cerebral de Gage en un mapa 3D, determinando que había perdido un 4 % de sustancia gris, la capa superior donde se guardan los recuerdos y se procesa la información; y 11% de sustancia blanca que cubre casi el 50% de nuestro cerebro y por donde pasan las conexiones para ligar en red las diferentes regiones.

Una Historia Actual: El Accidente de Vivir

"... en tu mortal fracaso de vivir, ni el
tiro del final te va a salir."
Desencuentro, Cátulo Castillo (1962)

Al escuchar el relato de la historia de Rodríguez, no pude menos que compararlo con Phineas Gage. Un hombre que intenta suicidarse, se dispara un tiro desde el paladar hacia arriba, la bala rompe su paladar, su cráneo y su masa encefálica, pero no muere. Sabiendo de los cambios en la personalidad y las observaciones de Harlow, Damasio y otros, empecé a estudiar la vida de Rodríguez, un hombre de 45 años, de mi propia ciudad.

En mi encuentro con Rodríguez grabé su historia y también recibí sus escritos de relatos personales desde que nació. En lo que a mi investigación concierne, relataré algunos detalles de su vida, personalidad, familia – entre otros temas – , copiando textualmente su propia historia.

El propio relato de Rodríguez:

Cuando tenía cuatro años nació mi hermano; yo sentí esto como una amenaza, me puso muy triste y no quise contarle a mi maestra del jardín de infantes evangélico que había nacido mi hermanito; sólo le dije: "¡Me arruinaron la vida!"

De esa escuela tengo recuerdos encontrados de tristeza y angustia, porque no quería estar ahí "obedeciendo reglas, horarios y pautas". Pero también de alegría y de realización personal, porque allí me inculcaron valores como: "lo más importante es el derecho a la vida"; o, también: "somos personas únicas e irrepetibles, y como tales tenemos nuestros derechos fundamentales". Aclaremos que toda esta formación me fue brindada en pleno gobierno de facto, donde esas ideas estaban prácticamente prohibidas. Así, en mi primera infancia, me fui nutriendo de esos valores primordiales de los cuales nunca me alejé y de los que nunca dudé.

Siempre me costó mucho (y me sigue costando) la adaptación a las instituciones. Aun así, luché contra esa rebeldía en el jardín, la primaria, el secundario y el terciario, donde me recibí de psicopedagogo.

Viví luego con mi familia en Bogotá, Colombia y terminé allí la escuela primaria. Al año siguiente, y luego de haber rendido un examen de ingreso, entré en el Colegio Claret, una institución privada religiosa, donde cursé todo el secundario. En tercer año, estando en un retiro espiritual, escribí una carta diciendo que a mí me gustaba servir y ayudar a los demás, y no sabía cómo insertarme para lograrlo. Cuando el sacerdote Antonio leyó la carta, me llamó y me sugirió comenzar a formar parte del grupo de campamentos. Al tiempo, estaba organizando los retiros espirituales y también del equipo de las salidas de los grupos de primaria.

En quinto año, Antonio, me propuso viajar a Córdoba a realizar una prueba al noviciado de los claretianos, porque él decía que, yo "tenía pasta para ser sacerdote", y yo pensaba lo mismo; es más, sentía el llamado de Dios (vocación). Así estuve en el noviciado una semana donde compartí con hermanos de todas partes del país un "simulacro" de vida religiosa. Al cumplirse la semana, el director de la institución me consultó: "Bueno, Rodríguez, ¿qué te pareció la experiencia?"; le respondí. "Fue maravillosa, me encantaron los temas que tratamos; haber hablado sobre el libro de Los Hechos de los Apóstoles fue apasionante, el haber estado viviendo en comunidad, también...; pero... sigo teniendo problemas con las instituciones y sus reglas y esto de estar enclaustrado, encerrado, no va conmigo y, además, el sólo pensar de no tener la posibilidad de ser padre alguna vez en la vida me desalienta poderosamente. Yo sé que puedo servir a Dios de otra manera. Dios no me quiere aquí, donde no me siento realizado". El sacerdote escuchó muy atentamente y lo aceptó sin poner resistencia, se despidió y me dejó ir.

Cuando comencé a estudiar en el instituto terciario San Agustín, no sólo tuve el mejor promedio en toda la carrera, sino que conocí a la madre de mi maravilloso hijo Mateo: Lucía. ¿Que si Dios estuvo en todo esto? ¡Yo digo que sí! No hay manera posible de explicar mi vida de otra manera: ¡El Guionista es perfecto!

Mi pasatiempo desde los 18 años fue la fotografía, hasta que un buen día el dueño de un estudio fotográfico muy importante, me invitó a una entrevista. Llevé todo lo que podía: fotos en blanco y negro tomadas y reveladas por mí, el equipo completo con el que contaba, y mis conocimientos que los había adquirido solo, preguntando en las casas de fotografía de la ciudad. Así comenzó mi trabajo "de vocación": ser fotógrafo. Era un estudio que contaba con 170 colegios como clientes, así que teníamos que trabajar de lunes a viernes tomando fotos escolares y, algunos sábados, cubríamos eventos sociales como casamientos o cumpleaños de quince.

En una época alternaba la fotografía con la docencia en informática. Pronto armé mi propio estudio de pre-prensa junto con mi padre y mi hermano. La Argentina estaba pasando por un desequilibrio económico tal, que cada rollo de película costaba cien pesos, pero al día siguiente costaba trescientos. Las importaciones de productos de fotografía triplicaron su costo inmediatamente.

Le planteé a Lucía, que el negocio en estos términos era insostenible, que teníamos que viajar a otro país (preferentemente del primer mundo). Ella me manifestó que, con el reciente fallecimiento de su padre, no estaba dispuesta a dejar a su madre sola en Buenos Aires. Le propuse viajar yo primero a España y cuando tuviera todo armado le avisaría para que lo vuelva a pensar. ¡Y así lo hicimos! Ella se vino a España unos meses después. Se quejó del viaje, no le gustó el pueblo, ni los andaluces y se volvió. Luego volví yo. No quería estar sin mi familia y menos sin mi esposa.

Pero, Lucía empezó a ver cierta depresión en mi postviaje y le contó a mi mamá. Decidí ir a una psicóloga quien me preguntó: "¿Alguna vez pensaste en hacerte daño o atentar contra tu vida?" "Sí", contesté. Fue ahí cuando comencé mi enésima terapia psicológica que duraría en esta ocasión seis meses.

Por esa época, yo estaba convencido de que tener un hijo era una responsabilidad enorme. Por lo tanto, no estaba decidido a aceptarla. Pasados los seis meses, había llegado al final del análisis y le conté muy feliz a mi psicóloga que Lucía estaba embarazada de Mateo.

Cambios y más cambios

Logramos mudarnos del departamento que teníamos a un dúplex a estrenar. Pronto decidimos mudarnos una vez más, pero esta vez teníamos que encontrar una casa con terreno propio que tuviera las comodidades para vivir y, a la vez, un espacio para acondicionarlo como estudio fotográfico. La idea era que esa iba a ser mi ocupación desde ese entonces.

Empezó una época de muy buenos trabajos que apuraron el fin de la obra para hacer "el shooting" (DISPARO); así le decimos a la sesión de fotos, por lo tanto, lo primero que estuvo listo fue el estudio.

En definitiva: romántico, familiero, trabajador, aventurero. Amaba la felicidad que supuestamente tenía, pero no era así. Siempre le proponía nuevos emprendimientos a Lucía: un viaje, cambiar el coche, perfeccionar el equipo…, pero nada de eso era suficiente para mí. Al cabo de unos años, ella me pidió un descanso, "una meseta"; yo nunca pude dársela. Seguía con mis planes de crecimiento y hasta le propuse ir a vivir al campo. "No, no me gusta el campo, nunca me gustó la naturaleza", arguyó. Le proponía comprar una camioneta, y respondía: "¿No tenemos demasiados vehículos ya?". Me estaba alejando de los intereses de ella o simplemente ella nunca tuvo mis mismos intereses; tal vez, simplemente, se adaptó todo ese tiempo a mis gustos y necesidades.

Y fue ahí cuando comenzó un proceso de angustia personal, porque lo que estaba pasando no estaba en mis planes: se suponía que me había casado con la mujer ideal y habíamos tenido al mejor de los niños, poseíamos una propiedad ideal y viajábamos en coches de alta gama... ¿qué más se podía pedir? Para mí no era suficiente. Lucía entró en un pozo depresivo, entonces comenzó a bajar de peso, a angustiarse con facilidad. Yo trataba de reflotar ¡lo irreflotable! ¡el Titanic!

Los sábados a la mañana buscábamos el espacio para desayunar en la terraza y hablar de lo que nos pasaba. Un día le dije que necesitaba que ella me quisiera de manera diferente, no tan posesiva. Que pudiera desapegarse de mí y que yo ya no la quería como antes.

Pronto, un domingo que había elecciones en Argentina, Lucía me dijo "me voy a votar y a pensar un rato... necesito estar sola". Salió de nuestra casa, pero volvió muy tarde. Mateo y yo nos fuimos a dormir.

Los días siguieron en silencio, ella me ignoraba o me contestaba con enojo, se notaba la bronca en su tono de voz y para mí era un cuchillo clavándose en mi corazón. Esto no era la vida que yo había previsto. Entonces, comencé a orar a Dios después de tanto tiempo...; durante años lo había dejado de lado. Antes, de pequeño, sentía que Jesús caminaba conmigo, por el camino de la vida. Ahora empezaba a tener una necesidad de lo espiritual.

Mis opciones eran: separarme de mi esposa – cosa que no estaba dispuesto a hacer – o permanecer con ella en ese estado de tirantez. Me daba mucho miedo no hacerle caso a mi corazón, creo que siempre fui muy idealista.

Ya no había salida alguna. Así que decidí terminar con mi vida; pero había un pequeño problema: ¿Cómo? Estaba la posibilidad de tirarme del primer piso con el riesgo de quebrarme todos los huesos y seguir vivo; otra opción era tomar todos los neurolépticos que tenía recetados ni bien Lucía se fuera al trabajo con Mateo, pero... ¿y si volvía a tiempo para encontrarme inconsciente y llevarme a un hospital a realizarme un lavaje de estómago? Entonces recordé las palabras mi profesor de biología de tercer año de la secundaria, que dijo: "Si quieren matarse, la mejor forma es dispararse en la boca apuntando al paladar"...Sí, como leyeron: un docente aconsejaba a adolescentes de quince años de cómo era el método más efectivo para suicidarse. ¡Increíble!

La decisión estaba tomada y eso sumaba más angustia a la que venía almacenando. Como buen neurótico obsesivo, programé el día, el lugar, la hora y la forma de hacerlo. Demás está decir que esto no era para nada normal en mi vida, así que decidí consultar con un profesional: Me dirigí al Sanatorio Méndez y me dieron turno con el jefe del servicio. Con él tuve tres sesiones, alcancé a contarle lo que me pasaba y al tercer encuentro me recibe con un:

- ¡Hola! ¿Cómo estás?

- Bueno, dadas las circunstancias, no muy bien... Sigo muy angustiado.

- Pero si a vos no te pasa nada.

- ¿Cómo dice? ¿Y por qué lo dice? ¿No escuchó todo lo que le conté las sesiones previas?

- Justamente por eso te digo esto: A vos no te pasa nada. Tu esposa está enojada, pero ¿qué esposa no se enoja alguna vez? ¡Vos no tenés nada! lo tuyo es una tontería. Ya va a pasar."

Yo no sabía si estaba hablando con un psicólogo o con la vecina de al lado de mi casa. ¡De hecho la vecina hubiera sido más comprensiva! Culminó diciéndome:

- Yo no veo la razón de seguirte tratando.

- ¿Entonces me está diciendo que me da el alta?

- Sí, claro. Quedate tranquilo, pibe (tenía cuarenta y tres años).

Me levanté y fui desesperado a la ventanilla donde daban los turnos, y dije:

- Buenas tardes. Necesito un turno.

- Sí, tengo libre al jefe de servicio (¡el bestia que me acababa de echar!)

- No, a ver si nos entendemos… No me quiero atender aquí. ¿No hay otro lugar, por la obra social, donde trabajen psicólogos o psiquiatras?

- Sí, mire (y me acercó un papel con el nombre, dirección y teléfono de un neuropsiquiátrico), tiene que llamar primero y pedir turno.

Cuando llegué a mi casa temblando, llamé y me contaron que atendían por guardia las veinticuatro horas y no era necesario pedir turno. Todo esto lo estaba llevando a cabo a espaldas de Lucía, que ya no me podía ni ver.

Al otro día fui a la institución neuropsiquiátrica, me atendió una mujer psiquiatra, se presentó y me preguntó qué me pasaba. Otra vez a contar toda la historia. Entonces me preguntó:

- ¿Pensaste en suicidarte?

- Sí, es más, ya tengo todo planificado.

- Bueno, entonces tengo que internarte.

- ¿Internarme yo? ¿Tan loco estoy? (Ahora que lo pienso, todo estaba patas para arriba, y yo estaba muy loco en ese momento). La cuestión es que me negué, pensando en el coche que estaba estacionado afuera con el que había llegado allí y, si me internaban, iba a ser un problema para alguien tener que volver manejando el vehículo ¡Un delirio más!

La médica psiquiatra accedió a dejarme ir, con la condición de que firmara una exención de responsabilidad que la liberaba de culpa y cargo de lo que yo hiciera cuando cruzara la puerta de calle. Firmé, ella tomó el recetario y comenzó a escribir un sin número de medicamentos y me dijo: "Antes de que llegues a tu casa, te comprás todo esto y lo vas a tomar de la siguiente forma. Hoy es martes, así que te quiero ver el vienes y me contás cómo vas". Y así hice: pasé por la farmacia, compré toda la medicación y cuando llegué a casa estaba llegando mi esposa; entonces fue cuando le conté todo lo que había sucedido en los últimos días: el alta del primer psicólogo, y la nueva consulta a la nueva psiquiatra con su correspondiente medicación. Me acuerdo que me dijo:

- ¿Pero tan mal te sentís como para tomar todo esto?

- Sí, estoy muy angustiado por todo lo que está pasando.

Los efectos adversos de la medicación me enlentecían y me angustiaban. Tuvimos que interrumpir unas vacaciones hermosas con una familia amiga en la costa debido a mi angustia. Se cumplieron los tres meses y los síntomas adversos desaparecieron. De todas maneras, comencé un buen tratamiento con una psicóloga, pero las consultas a la psiquiatra se iban espaciando cada vez más y me bajaba la medicación porque yo le decía que estaba bien. El problema es que entre la psicóloga y la psiquiatra no había comunicación alguna, ¡cosa que yo creía obvia!

Así comencé a planear mi propia muerte: ¿Cuándo iba a ser? ¿Dónde? ¿De qué manera? Y día a día me dediqué a responder esas preguntas. La medicina, en bajas dosis, ya no me hacía el efecto deseado, la terapia no estaba funcionando para bajar la angustia y eso ya no era vida: Encontrarme con Lucía, furiosa, todos los días.

- *¿Cuándo? Algún día de noviembre (cuando tuviera todos los proyectos de trabajo terminados)*
- *¿Dónde? En Ezeiza. Un lugar suficientemente alejado y tranquilo*

- *¿De qué manera? Con un revólver que no estaba registrado, heredado de mi suegro.*
- *¿Cómo? Un disparo en la boca y listo, a otra cosa.*

Si bien siempre fui muy creyente y me educaron como católico, nunca vi al suicidio como un acto de cobardía. Recuerdo un vecino que se suicidó cerca de casa cuando yo era adolescente y mi madre dijo: "¡Qué cobarde!". Yo siempre me pregunté: ¿Qué tiene de "cobarde" suicidarse?

Ya en octubre, la situación era insostenible y me di cuenta de que no podía dilatar tanto la fecha del "incidente", así que lo adelanté para el viernes catorce de octubre.

Llegó el día, me levanté y fui al banco a realizar una extracción de los ahorros que tenía en la cuenta, pensando en no traerle más problemas a mi esposa. Volví a casa, los guardé en el lugar de siempre, dejé el teléfono celular, las llaves (menos las de la puerta de calle y las del coche), tomé un poco de dinero (para los peajes) y partí hacia un colegio que tenía como cliente para entregar unas fotos de comunión. Cuando llegué me atendió la monja. Mientras me hablaba de planes, yo pensaba, "¡A mí que me importa, si yo salgo de acá y me voy a pegar un tiro! ¡Ya no voy a estar!" Salí y me fui hacia Ezeiza por la autopista.

Busqué por media hora el lugar ideal, a la sombra. Me pregunto: Si alguien se va a pegar un tiro, ¿qué importa las condiciones del lugar? Llegué al único espacio con sombra que encontré, paré la camioneta, saqué el revolver 38 de debajo de la butaca del acompañante, me puse el documento en el bolsillo del pantalón para facilitar la identificación posterior, y me bajé. A dos metros del vehículo me arrodillé en el piso, pedí perdón por todos mis pecados cometidos hasta ese momento y por el que iba a cometer. A pesar del silencio de mi Padre ante mis oraciones, no volví a olvidarme de Él, ¡ni siquiera en ese momento! Coloqué el cañón en mi boca, tratando de apuntar lo más arriba posible; martillé el revólver y, sin pensar un segundo – ¡Shooting! – ¡DISPARÉ!

Luego de varios minutos, recuerdo una imagen muy vívida: Yo estaba en cuatro patas, como un perro, y la sangre me goteaba de la punta de la nariz formando un charco en el piso; cuando giro la cabeza hacia un lateral veo a un grupo de personas haciendo comentarios entre ellos, supongo que sobre mí, y me volví a desvanecer. Algunos dicen que podrían haber sido ángeles que me estaban cuidando. Gente que sabe más que yo sobre lo "divino" dice que Dios no envía a sus ángeles con alitas y vestidos de blanco sino como personas... No lo sé.

Después de esto la historia se divide en dos: lo que siguió pasando a pesar de mi falta de memoria y el momento del despertar. Al parecer, esa gente que había visto dio aviso a la policía y estos, a su vez, al hospital donde me trasladaron. Aparentemente estaba consciente, lúcido, cuando un médico me preguntó por un número de teléfono de algún familiar y yo le di el teléfono de mi propia casa.

Llegó mi familia y me vieron en una camilla, todo ensangrentado, con un orificio de salida en el hueso frontal del cráneo de unos tres centímetros de diámetro. Cuando se acerca el médico le preguntan por el orificio de bala que, se veía, estaba sin tratar. El médico les dice: "Eso con un algodoncito con alcohol desaparece en unos días". Estuve lúcido el primer tiempo hasta que vieron un daño neurológico intermitente: hablando normalmente con los médicos o con familiares, de pronto decía algo que no tenía sentido. En un control, se enteraron de que había una filtración en el cráneo y los otorrinolaringólogos con los cirujanos maxilofaciales deciden realizar una cirugía reparadora a través de la nariz con un material similar a la arcilla moldeable.

Por la mucha fiebre estaban por cancelar la cirugía. Estaba conmigo mi amigo cristiano y me preguntó:

- *Decime, Rodríguez ¿te arrepentís de tus pecados? – Y yo respondí:*
- *Sí, me arrepiento de todos.*

- *¿Y aceptás a nuestro Señor Jesucristo como tu único Salvador?*
- *Sí, creo en Él, que es el hijo de Dios que me va a salvar.*

En media hora ya no tenía fiebre y había pasado de ser criatura de Dios a ser Hijo de Dios.

La primera operación pasó con éxito; a los pocos días decidieron hacer una segunda intervención de diez horas, que incluía una lobotomía bilateral del lóbulo frontal, trepanación de cráneo (craneotomía) y cortar una feta de doscientos gramos de cerebro de los lóbulos frontales. Me llevaron directamente a terapia intensiva y me pusieron en estado de coma por 45 días. Cuando desperté vi a mi esposa, le dije: "Te amo", y ella me abrazó llorando diciendo: "Yo también... Yo también".

Pensé: "Debo estar muerto", porque quise hablar, pero no podía, por una traqueotomía. La miré a Lucía y le dije sin sonido: "Explícame ¿qué pasó?". Ella se sentó al lado mío y se acercó a mi oído como para darme un beso y me dijo muy despacio: "Me cagaste". Yo la miré con cara de terror; fue ahí cuando confirmé que no había muerto.

Mi conclusión era: "Quise suicidarme y ME SALIÓ MAL. ¿Puede ser que no sirva ni para suicidarme? Me pegué un tiro en la cabeza con un 38, ¡Y ME SALVO! ¿Cómo puede ser? Dios debe estar muy enojado conmigo para dejarme vivo y permitirme este sufrimiento. ¡La vida que me espera con Dios en mi contra! Evidentemente esto es un castigo de Dios. ¡Debe estar muy enojado por lo que traté de hacer! ¡Ay, la vida que me espera!", pensé.

Aunque los músculos se fueron atrofiando y perdieron toda su fuerza, pasadas las semanas entendí que lo que me había pasado no era tan malo. Era el mejor regalo que Dios me podía haber dado: La oportunidad de volver a empezar.

Siempre tuve una relación muy directa con nuestro Señor; ahora era distante e inconstante. Quise ser sacerdote, pero no estaba dispuesto a sacrificar el placer. Así iba y venía en mi fe. Aunque creo que la existencia de Dios es un axioma, un concepto indiscutible. No se trata de creer o no: Dios existe y punto.

También estaba convencido de que no debía pedirle nada en mis oraciones, sólo tenía que agradecer y proponerle que siga con su plan en el que yo confiaba plenamente: "Que se haga Tu voluntad". Luego del tiro, fui operado cinco veces de la cabeza. Siempre oré a Dios: "Señor, Padre nuestro, que la cirugía salga como vos planeaste desde siempre. Que nada se interponga en tu deseo. Amén".

Luego de las operaciones mi relación con Dios se acercó mucho más y pude tener una manera de comunicarme más íntima y, a medida que el tiempo transcurría, reconocía que había sido un milagro y no una maldición lo que me había pasado... ¿quién se salva de un tiro en la cabeza?... y mucho menos ¡con un calibre 38!

Las bendiciones eran muchas. Reconozco que nunca tuve control sobre mi propia vida, era mi Padre, Dios, el que hacía y deshacía en lo que concernía a mi historia. Así, por primera vez me dejé llevar por los deseos del Supremo. Eso me dio mucha paz y tranquilidad, ya no dependía de mí lo que pasara, era Dios el que tenía un plan específico sobre mi vida, y evidentemente no era nada malo.

Llegué al Centro de Rehabilitación. Ahí fue cuando aprendí que la paciencia es el arma más valiosa que tenemos. No sirve luchar contra la realidad porque no va a cambiar cuando yo quiera, sólo hay que dejarse llevar por el Plan de Dios y ver por dónde nos "pasea". De eso se trata la fe: de dejarse llevar, no de tratar de entender la lógica de Dios. Entender no es propósito. Dios tiene otra lógica, pero siempre un propósito.

Cuando decidí acabar con mi vida, y no lo logré, Dios me habló por primera vez y fue muy claro: "Vos no decidís cuándo nacés ni cuándo te morís; Yo soy el que manda, Yo soy el que decide, y punto". *MENSAJE RECIBIDO.*

Y a este punto quería llegar; me refiero a que hubo un antes y un después del incidente. Me di cuenta que no estaba suficientemente cerca de Dios como yo lo sentía, si bien tenía algunos principios "básicos" o conceptos sobre Él. Todas mis oraciones eran muy simples: "Te agradezco, Señor, Padre Nuestro, mi querido y amado Padre por todo lo que me das cada día. Confío y tengo fe en Vos y en tu plan para que hagas lo mejor conmigo, amén". En otras palabras: conocía **de Dios**, pero no conocía **a Dios**. Pero después me sentí un ridículo, y ahí me di cuenta de cómo funciona la relación entre Dios y sus hijos: Confiar en que Dios nunca te va a fallar; Él tiene un plan hecho a tu medida antes de que hubieras nacido, y es a prueba de todo. ¡A prueba de balas!

Di gracias a Dios por Mateo, mi hijo, un chico muy noble, inteligente y sensible. "Dios me dio una nueva oportunidad. ¿Por qué Dios me quiere vivo? ¿Qué proyecto tiene Él para mí? No sé, yo voy a disfrutar, a reírme, a burlarme de mi mismo, a poner toda la voluntad para rehabilitarme y salir adelante todos los días durante más de un año. Todos mis familiares, aun los lejanos, acompañaron mi recuperación, en especial de Lucía que estuvo ahí siempre; aun sufriendo, me compraba los medicamentos que costaban una fortuna.

Llegó el momento de la última operación para colocarme una prótesis del hueso frontal del cráneo (craneoplastía). Yo estaba muy tranquilo y relajado, muy seguro de que Dios estaba conmigo. Así que, como de costumbre, antes de que me llevaran al quirófano, oré: "¡Señor!, ¡Padre Nuestro!, en vos dejo y entrego mi cuerpo para que se cumpla tu plan, lo que sea, porque siempre va a ser bueno, aunque muera. ¡Que se haga tu voluntad!", y me quedé tranquilo, sabiendo y sintiendo que estaba en manos de Dios.

Como habrán leído, suelo ir de un extremo al otro: Cuando me pasa algo malo es una maldición; y cuando todo se acomoda, resulta ser una especie de bendición. No hay términos medios, no existen los grises. Y así me estuve moviendo por la vida, como un péndulo, siempre buscando la tan valorada felicidad que todos decían que estaba en uno mismo, pero yo nunca supe la forma de buscar correctamente; entonces me llenaba de objetos materiales, los cuales, supuestamente, me brindarían esa felicidad, pero se trataba de una "alegría" efímera. Pronto comenzaba el ciclo: volvía a comprar otro objeto, más costoso que el anterior y pasaba exactamente lo mismo: estaba atrapado en un círculo muy angustiante, no lograba alcanzar la felicidad.

Luego del disparo, todo cambió. Si algo me salía mal, ya no era una tragedia, era parte del perfecto plan de Dios para mí, y si paso por mis buenos momentos, no me entusiasmo ¡por la misma razón!

¿Qué me costó? un tiro en la cabeza, un año y medio internado en lugares donde yo no quería estar, el sufrimiento de toda mi familia, mi divorcio. Ahora comparto la tenencia de Mateo con Lucía, una mujer que siempre estuvo a mi lado durante veinticinco años, "más de la mitad de nuestras vidas". Perdí parte de mis recuerdos, perdí resistencia, perdí, perdí y perdí. Pero como todo en la vida no siempre es tan malo, también gané – ¡y mucho! –: Gané una vida nueva, gané más sensibilidad; gané un hijo, porque cuando lo tengo es sólo para mí y podemos hacer o jugar a lo que él quiere; tenemos una comunicación más fluida y por eso se siente mucho más feliz y me reconforta verlo así. Gané dos hermanos con los que estaba peleado, porque pude pedirles disculpas y aceptar mi responsabilidad en el conflicto; gané una familia más unida, gané nuevos amigos. Lucía tenía toda la razón cuando decía: "¡Vos brillás!", y yo, por un sentimiento de humildad, nunca la escuché. Quizá, internamente creí que al morir brillaría más.

Volvamos a Dios. Algunos escépticos me dicen: "¿Quién sabe si fue Dios el que te salvó? ¡Eso lo decís vos para encontrarle una explicación!; pudo ser la mano del cirujano, quien estaba muy preparado y sabía lo que hacía". Ante esa opinión, ¿alguien me puede decir quién fue el que me salvó?, ¿quién me dio otra oportunidad?, ¿quién me perdonó y tuvo misericordia de mí? Estoy casi totalmente recuperado, porque un tiro en la cabeza deja algunas secuelas como la falta de memoria; hasta perdí totalmente el sentido del olfato.

Yo siempre fui muy ideal: "Hay que hacerle caso al corazón, porque el corazón nunca miente" ¡Qué romántico! ¡Qué ideal! Mateo me dijo un día: "Mirá, papá, el corazón (y se lo señaló) siempre tiene que estar conectado con esto (señaló con su dedo su cabeza). Vos actuaste con el corazón, ¡pero no pensaste!". Tenía razón; siempre hay que pensar y yo no lo hice. Fue todo tan confuso en ese momento que no puedo explicarlo. El psicólogo, durante un año y medio, en cada sesión me preguntaba: "¿Por qué lo hiciste?" Yo no podía darle una explicación de ningún tipo. Sinceramente, no puedo dar una explicación de lo que pasó aquel día. Tampoco me atrevo a culpar a nadie ni a responsabilizar ninguna situación en especial.

¿Por qué cuento esto?, porque en ese momento de desolación necesitaba saber que Dios estaba conmigo, o – mejor dicho – "dentro" mío. Jesús dijo: "Yo estaré con ustedes hasta el final de los tiempos". Pasó el tiempo y yo seguí en el camino que me propuso el Señor. Hice un curso para el día más importante de toda mi vida: Mi bautismo por inmersión.

Capítulo 2

PSICOLOGÍA y NEUROPSICOLOGÍA DEL SUICIDIO

Al leer la historia real de Rodríguez podemos comprobar que él no estaba sólo, su esposa y su hijo son parte de esta situación, inevitablemente. También la familia extendida de padres y hermano, primos, y hasta un tío muy significativo para el proceso de su fe.

Por eso, en base a este caso testimonial, consideramos útil abordar la experiencia de las personas y circunstancias que rodean a un suicida.

El entorno familiar y su influencia

Cuando alguien se suicida afecta por lo menos a otras seis personas de su entorno, y cuando el suicida pertenece a una institución educativa o en su lugar de trabajo, podría afectar a cientos. Por otra parte, la Organización Mundial de la Salud nos dice, además, que, "las discapacidades derivadas de intentos de suicidio constituyen el 1,8% de la carga mundial de enfermedades, equivalente al efecto de guerras y homicidios" (OMS).

Actualmente existe una tendencia al predominio del análisis multicausal y evolutivo de este fenómeno, que confiere relevancia a factores personales, interpersonales y biológicos en interacción con factores circunstanciales y psicosociales que actúan como desencadenantes de la conducta suicida. Cuando alguien se suicida, la causa es que los factores contenedores en todo nivel, fallaron; más aún, cuando no se visualizan patologías previas.

Uno de los factores psicosociales es la familia, que desempeña una función privilegiada al ejercer las influencias más tempranas, directas y duraderas en la formación de la personalidad de los individuos, y que actúa en el transcurso de sus vidas como agente modulador en su relación con el medio, propiciando una menor o mayor vulnerabilidad para la enfermedad y el aprendizaje de conductas protectoras de la salud a partir de su funcionamiento.

Como célula básica de la sociedad, la familia cumple con el rol de ser la entidad socializadora por excelencia, entre otras funciones vitales para su desarrollo y el de los individuos que forman parte de ella. Además, el grupo familiar inmediato imprime su sello indeleble en la formación personal y constituye el eslabón fundamental con el sistema social, es decir, genera un contexto fundamental para el desarrollo, en especial de los niños y adolescentes.

La familia, como sistema dinámico e interdependiente, ocasiona el que las acciones de unos influyan en las de los otros, afectando en mayor o menor medida la calidad y estilo de las relaciones domésticas, así como las relaciones internas: parental, conyugal, sociales y externas, en las que surgen procesos interpsicológicos de tipo afectivo, escolar, salud, y otros. El funcionamiento familiar es entonces el proceso interactivo mediante el cual la familia esboza sus estrategias para resolver problemas, establece su clima emocional, su capacidad de equilibrio y de cambio a lo largo de su ciclo de vida.

Las interrelaciones familiares son predominantes a la hora de darse un suicidio de adulto, pero mucho más en niños y adolescentes.

Las pautas de interacción familiar se transmiten de una generación a otra, de manera consciente e inconsciente, lo cual posibilita que a través del aprendizaje se perpetúen modelos negativos de funcionamiento familiar. Éstos constituyen *factores de riesgo familiares esenciales* para la conducta suicida: desorganización familiar, sentimientos de falta de comunicación, hostilidad, riñas constantes por parejas en permanente desacuerdo, ausencia de manifestaciones afectivas, agresión física o psicológica, abandono físico o emocional de alguno de los padres o de ambos, sentimientos de rechazo familiar unido a dificultades personales de cada miembro del grupo. Obviamente, no todos los que viven en familias conflictivas o disfuncionales sienten el deseo de suicidarse. Los motivos pueden aun no ser específicamente familiares.

Las relaciones de una familia en tal condición son una de las áreas críticas para el desarrollo de la personalidad del adolescente, porque involucran una relación particular entre él y su familia que puede rebasar sus recursos psicosociales. A través de la práctica de estilos o pautas educativas, de las relaciones e interacciones y presiones del sistema familiar, de un fuerte control de los adolescentes por dominar sus vidas, se crean situaciones que pueden estar relacionadas con el intento suicida.

Aunado a ello, la crisis social y económica hace que se configuren situaciones de extrema tensión. El comportamiento autodestructivo puede convertirse en un medio de comunicación de sentimientos, demandas o súplicas que el adolescente no sabe o no puede expresar de otra manera al carecer de una estrategia de afrontamiento más apropiada. Algunos dicen que la adolescencia "se cura" con el remedio del crecimiento, aunque algunos no terminan de crecer jamás.

Por lo tanto, existen en la familia factores que relacionan la confusión y la depresión con el intento suicida, pero que por sí mismos no son decisivos, aunque pueden contribuir y predisponer a la conducta suicida si están presentes los esenciales: sobrecarga de roles, conflictos de poder entre los miembros, baja tolerancia entre ellos y rigidez en la solución de problemas.

Las familias de los sujetos suicidas resultaron ser más rígidas para hacer cambios en cuanto a las reglas explícitas o implícitas, los roles y las estructuras de poder, lo que conlleva a que no sean capaces de actualizar su funcionamiento en dependencia de las exigencias que se les presenten. Además, tienen pocas habilidades para dar y recibir apoyo por tener poca capacidad empática y por no controlar o entender la mayoría de las reacciones emocionales de sus miembros, dificultando su desarrollo sano. Generalmente estas familias suelen estar cerradas a la influencia externa, pues temen que, inconscientemente, pueda alterar su equilibrio patológico y no influyen conscientemente sobre otras familias por estar muy centrados en sus conflictos. Así también, se observó la presencia de variables que dificultan su cohesión como son las relaciones hostiles y la baja tolerancia, lo cual hace que los sujetos tengan una pobre percepción de apoyo social. La familia puede volverse nociva cuando sin saberlo se convierte en un medio patógeno.

En la sociedad existe un aumento importante en la afectación de la salud mental, debido a los diferentes acontecimientos vitales negativos como el estrés familiar o interpersonal, la insuficiencia en el apoyo social o en los recursos personales entre otros, convirtiéndose en un problema de salud pública.

La vida en familia les permite a los más jóvenes, convertirse en adultos serios, responsables y productivos. Para ello la influencia de los padres o cuidadores que los rodean tiene un papel crucial, al determinar con sus enseñanzas y comportamientos los lineamientos conductuales que el adolescente va a poner en práctica en los diversos escenarios de relación. Se puede afirmar, por lo tanto, que un clima familiar desfavorable incide negativamente en la conducta adolescente, propiciando la aparición de conductas disruptivas que visibilizan el conflicto con su entorno; y, como parte de aquellas, surge la posibilidad de concretar actos lesivos que atenten contra sí mismo.

La contención social, en especial frente a carencia de contención familiar, brindada desde las instituciones como las asociaciones, ONG´s, iglesias, escuela, clubes, se convierten en redes sociales de apoyo, en salvaguarda de muchos niños y adolescentes al cuidar la integridad, los valores y la manera de relacionarse con sus pares y también con los adultos. Quienes están trabajando para los menores deben ser buenos observadores para detectar a qué o quién los provoca o aprovecha su vulnerabilidad.

Todos conocemos, o conocemos a alguien, que sabe de alguna persona que se ha suicidado o a un familiar de un suicida. Sólo a nivel informativo y para desterrar la idea o mito que los "más pobres" son los que más se suicidan, referimos aquí tendencias en países desarrollados del llamado primer mundo: Japón es el país con mayor número de suicidios en el mundo, y los escandinavos a nivel europeo. Curioso que sean países que, teóricamente, viven mejor y tienen su economía y nivel social por encima del resto.

En Japón, si alguien se suicida en lugares públicos, como bajo las vías de un tren, la familia del suicida tendrá que pagar un equivalente a unos 12.000 dólares, ya que la formación se retrasa, complicando los horarios de todos los pasajeros y, además, se requiere más tiempo para limpiar la zona. Esto lleva, en general, a la familia a la bancarrota, complicando el duelo con un quiebre financiero o deudas a largo plazo.

Factores de riesgo y factores protectores

La totalidad de los autores acuerda en vincular los fenómenos del suicidio con un modelo **plurifactorial** que interactúa entre factores socio culturales, ambientales y psicopatológicos, que son predisponentes o de vulnerabilidad, factores precipitantes y los protectores. Los factores precipitantes, especialmente entre adolescentes y jóvenes, han sido vinculados con conflictos interpersonales con personas claves, ligados a sentimientos de rechazo o de humillación, definidos como cambios vitales que implican una discontinuidad en la vida de una persona, que pueden llevar a situaciones problemáticas.

Factores de riesgo

El suicidio adolescente debe encararse desde una perspectiva **multidimensional**. Los elementos que han sido explorados con mayor frecuencia son: género, autoexigencia, exigencia parental y/o fracasos en logros esperados, dificultad en las relaciones con pares, factores intrapsíquicos y de personalidad, factores socioeconómicos, perturbaciones en la vida familiar, abuso sexual, orientación sexual, consumo problemático de sustancias, disponibilidad de armas de fuego, elementos y medicaciones potencialmente letales, acoso escolar y cyberbullying, antecedentes de pérdidas familiares, suicidios en la familia, ausencia o debilidad de otras personas significativas y/o instituciones que podrían cumplir el rol de apoyo afectivo/instrumentales de las pruebas establecidas socialmente en la transición de la adolescencia a la juventud/adultez.

A estos factores se agrega la falta de flexibilización de las normas morales incorporadas que permiten una actitud de mayor tolerancia. La rigidez cognitiva es un factor limitante altamente responsable de que el sujeto cuente con pocas estrategias para afrontar y resolver problemas, lo que determina que aumente el riesgo de suicidio ante situaciones generadoras de estrés emocional. No hay que olvidar que el aumento del consumo de alcohol, drogas y fármacos en este grupo etario, en una sociedad donde se promueven los valores fáciles y rápidos, junto a la escasa contención social, es motivo de muchos suicidios.

La identificación con alguna persona muerta, sea o no su muerte consecuencia de un acto suicida. La idealización del sujeto muerto junto con la represión de los sentimientos hostiles hacia él, la incapacidad para establecer vínculos compensatorios, así como el deseo de volver a establecer vínculos con la persona muerta, constituyen otros de los tantos factores que pueden originar comportamientos suicidas. Asimismo, atribuirse el origen de los sucesos vitales percibidos como negativos a otras personas (no a sí mismo/a) protege al individuo, de alguna manera, de sentirse deprimido y desvalorizado.

Otras cuestiones a considerar son la competencia escolar, las presiones excesivas que viven actualmente los adolescentes. Dentro de esta competencia que hoy domina la esfera social y que marca un estándar de bienestar económico, sucede que al no alcanzar este estatus muchas veces se presenta una sintomatología depresiva. Según Aarón T. Beck, la misma surge a partir de tres elementos: una visión negativa de sí mismo, tendencia a interpretar las experiencias de forma negativa y una visión negativa del mundo. Esta sintomatología puede dar lugar a una actitud suicida, considerando, además que las ideas de suicidio pueden interpretarse como una condición extrema al deseo de escapar a problemas que parecen irresolubles e intolerables.

Existen factores culturales y sociodemográficos, tales como el bajo estatus de los pueblos autóctonos o los migrantes. Estas cuestiones se relacionan también con cierto grado de aislamiento y la escasa o nula participación en actividades sociales de orden tradicional. Aquí se enfatiza el riesgo para niños y jóvenes que al tener raíces culturales distintas pueden presentar problemas de identidad, de adaptabilidad y caer así en comportamientos autodestructivos. Cabe destacar que hay un riesgo más alto de comportamiento suicida entre los pueblos indígenas que entre los no indígenas. Quiero citar el capítulo "Entrelazados" en el libro *Divino Diván*, para conocer historias reales sobre la adaptabilidad, la autoestima y otros factores socioemocionales. (ver bibliografía al final del libro)

En cuanto al género, se ha observado en las estadísticas, que en las mujeres el apoyo de las amigas siguió en importancia al apoyo familiar en casi todos los tipos de problemas, en tanto que los varones tienden a preferir no buscar ayuda ni consejo. En las grandes ciudades la competitividad, el abuso emocional, los celos y el fraude hizo que este apoyo dejara a los adolescentes y jóvenes desprovistos del marco de la amistad fiel de antaño.

Significativamente, un intento previo de suicidio es el factor de riesgo más importante de suicidio en la población general. El riesgo de suicidio se incrementa durante las dos primeras semanas tras exposición a un suicidio real o ficticio. Por eso, ningún intento de suicido, autolesión o desaparición del hogar puede dejarse sin investigar o consultar rápidamente a un profesional.

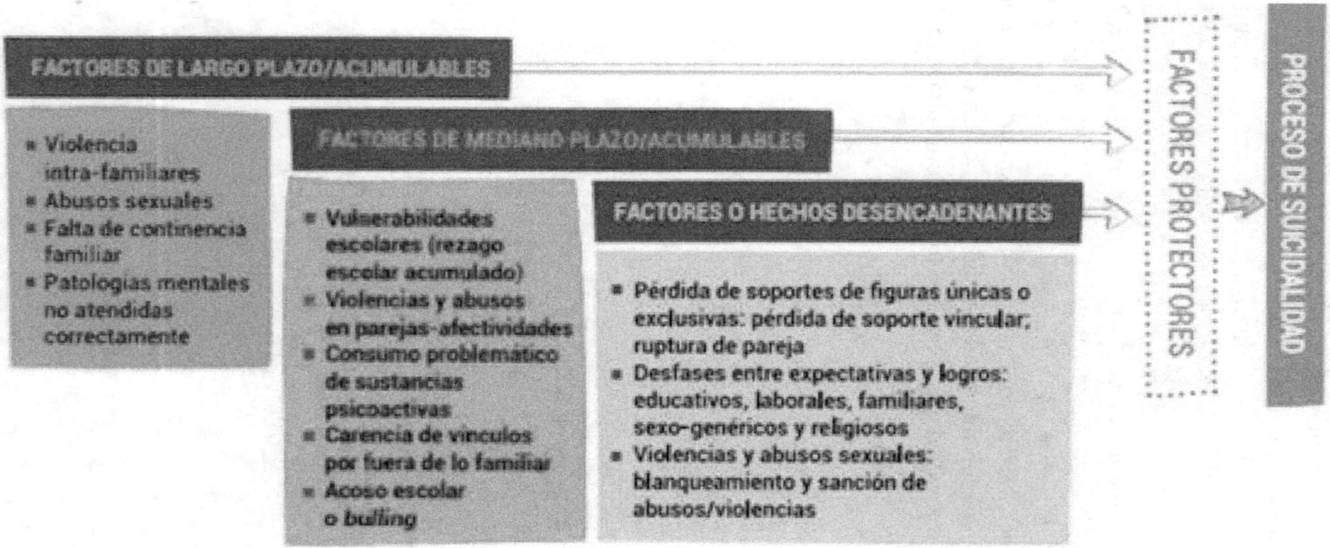

PROCESO DE SUICIDALIDAD

FACTORES PROTECTORES

FACTORES DE LARGO PLAZO/ACUMULABLES
Violencia intra-familiares
Abusos sexuales
Falta de continencia familiar
Patologías mentales no atendidas correctamente

FACTORES DE MEDIANO PLAZO/ACUMULABLES
Vulnerabilidades escolares (rezago escolar acumulado)
Violencias y abusos en parejas-afectividades
Consumo problemático de sustancias psicoactivas
Carencia de vínculos por fuera de lo familiar
Acoso escolar o bullying

FACTORES O HECHOS DESENCADENANTES
Pérdida de soportes de figuras únicas o exclusivas: pérdida de soporte vincular; ruptura de pareja
Desfases entre expectativas y logros: educativos, laborales, familiares, sexo-genéricos y religiosos
Violencias y abusos sexuales: blanqueamiento y sanción de abusos/violencias

Fuente: UNICEF

<u>Factores protectores</u>

Se pueden agrupar en:

- **Familiares**:
  -Patrones familiares.
  -Apoyo de la familia y buena relación entre los miembros.
- **Personales**:
  -Estilo cognitivo y personalidad.
  -Buenas habilidades sociales.
  -Confianza en sí mismo, en su propia situación y logros.
  -Búsqueda de ayuda cuando surgen dificultades.

- **Culturales y sociodemográficos**
  - Apoyo de personas relevantes
  - Participación en deportes, clubes y otras actividades. La asistencia a las iglesias, así como la afiliación a ellas, en su mayoría las iglesias evangélicas, actúa como una variable importante que brinda apoyo social y la posibilidad de actuar en base a determinados principios éticos. El suicidio es visto como una solución inaceptable.

- **Integración social**:
  - Apoyo de personas relevante.
  - Buenas relaciones con compañeros.
  - Buenas relaciones con profesores y otros adultos

Para destacar en los casos de tentativa de suicidio, además de la acumulación de factores de riesgo, se observa la incidencia de factores desencadenantes. Sin embargo, existe una diferencia crucial entre los que intentaron y los que cometieron suicidio y es la presencia de la figura adulta que representa un soporte o apoyo con función protectora. En ocasiones, está representada por alguien del entorno próximo; en otras, por algún miembro de una institución a la que él o la adolescente estén vinculados (docentes, miembros de comunidades religiosas, vecinos, etc.)

Mitos vs. realidad

MITOS	REALIDAD
Quienes hablan de suicidio no se suicidan	La mayoría de suicidas han advertido sobre sus intenciones
Los suicidas tienen toda la intención de morir	La mayoría de los suicidas son ambivalentes
La mejoría después de una crisis quiere decir que el riesgo de suicidio se ha superado	Muchos suicidios ocurren en el período de mejoría, cuando la persona tiene toda la energía y la voluntad para convertir los pensamientos de desesperación en actos autodestructivos
El suicidio sucede sin advertencias	Los suicidas a menudo dan amplios indicios
No todos los suicidios pueden prevenirse	Es verdad, pero la mayoría puede prevenirse
Una vez que la persona es suicida, lo es para siempre	Los pensamientos suicidas pueden regresar, pero no son permanentes, y en algunas personas pueden no hacerlo jamás

OMS. Prevención del suicidio, un instrumento para trabajadores de atención primaria de la salud, 2000

Prepárate para las emociones fuertes (Mayo Clinic, adaptado)

El suicidio de un ser querido puede desencadenar emociones intensas:

- **Choque.** Podrías experimentar incredulidad o insensibilidad emocional. Quizás pienses que el suicidio de tu ser querido puede no haber sido real.
- **Ira.** Podrías enojarte con tu ser querido por abandonarte o por provocarte todo este sufrimiento, o contigo mismo u otras personas por no haber advertido las señales de sus intenciones.
- **Culpa.** Es posible que frases como «qué hubiera pasado si...» o «si tan solo...» se repitan en tu mente, y que te culpes por la muerte de tu ser querido.
- **Desesperación.** Puedes sentirte invadido por sentimientos de tristeza, soledad o desesperanza. Podrías sentir decaimiento físico o, incluso, pensar en suicidarte.
- **Confusión.** Muchas personas intentan darle algún sentido a la muerte o entender por qué su ser querido se quitó la vida. Sin embargo, siempre te quedarán dudas sin responder.
- **Sentimientos de rechazo.** Podrías preguntarte por qué tu relación no fue suficiente para evitar que tu ser querido se suicidara.

Es posible que experimentes reacciones intensas por semanas o meses después del suicidio de tu ser querido, como pesadillas, recuerdos recurrentes, dificultad para concentrarte, retraimiento social y pérdida de interés por tus actividades habituales, en especial si presenciaste el suicidio o hallaste a su víctima.

No existe una palabra en español para los más cercanos de quien se haya suicidado. Solo son "deudos"; parece tan desconcertante que no califican. A muchas personas les cuesta hablar sobre el suicidio, y podrían no acercarse a ti. Esto puede hacer que te sientas aislado o abandonado, si no encuentras el apoyo que esperas recibir.

Además, algunas religiones limitan los ritos fúnebres que se pueden ofrecer para las personas que se suicidaron, lo que también podría causarte una sensación de soledad o injusticia. También podrías sentir que te faltan algunas de las herramientas habituales que usabas antes para afrontar situaciones difíciles.

Adopta estrategias de afrontamiento saludables

Las repercusiones del suicidio de un ser querido pueden ser física y emocionalmente agotadoras. Mientras haces el duelo, procura proteger tu propio bienestar.

- Mantente en contacto con quienes te convenga. Busca el apoyo, la comprensión y la ayuda de tus seres queridos, amigos y líderes espirituales para recuperarte. Rodéate de personas que quieran escucharte cuando necesites hablar y de aquellos que simplemente te ofrezcan su apoyo cuando no tengas ganas de hablar.

- Atraviesa el duelo de la forma que necesites. Haz lo que sea adecuado para ti y no necesariamente para otra persona. No existe una manera "correcta" de atravesar el duelo. Si te resulta demasiado doloroso visitar la tumba de tu ser querido o compartir detalles de su muerte, espera a estar preparado para hacerlo, no sientas presión de otros por "cumplir" lo previsto; tampoco existen medidas de tiempo para lo que se siente.

- Prepárate para los recordatorios dolorosos. Los aniversarios, los días festivos y otras ocasiones especiales pueden ser recordatorios dolorosos del suicidio de tu ser querido. No te sientas mal por estar triste o afligido. En cambio, considera cambiar o suspender las tradiciones familiares que son demasiado dolorosas.

- No te apresures. Perder a alguien por un suicidio es un golpe tremendo, por lo que la recuperación debe darse a su debido tiempo. No te apresures si otros consideran que ya pasó "demasiado tiempo".

- Anticipa las dificultades. Algunos días serán mejores que otros, incluso años después del suicidio, y está bien que así sea. La recuperación suele presentar altibajos.

- Considera unirte a un grupo de apoyo para familias afectadas por un suicidio. Contar tu historia a otras personas que están pasando por el mismo tipo de dolor podría ayudarte a encontrar un propósito o fortaleza. Sin embargo, si sientes que ir a estos grupos te recuerda la muerte de tu ser querido de manera dolorosa o negativa, busca otros métodos de apoyo.

Hay muchas preguntas sin respuesta: ¿Podré superarlo? ¿Me merezco este dolor? ¿Lo cargaré toda la vida? ¿Cómo se sigue después de esto? ¿Me perdonará Dios por no haber previsto esto?

Adolescentes en la Era Digital

Aunque no existe una explicación unívoca respecto de esta tendencia, es innegable la incidencia del desarrollo tecnológico y los factores contextuales propios de la modernidad, conjuntamente con las características endógenas presentes en esta etapa vital. Resulta necesario enfocar la atención al escenario en que los adolescentes se movilizan en la actualidad. El acceso a internet y la masificación del uso de teléfonos móviles conforman los nuevos espacios de comunicación e interrelación entre los jóvenes y su entorno; se instala desde la incertidumbre y lo desconocido, resultando determinante en el desarrollo adolescente.

Existe un importante número de investigaciones orientadas a explicar el uso de los nuevos medios de comunicación entre niños y adolescentes. Dentro de los usuarios, este grupo etario con trastornos psiquiátricos parece ser una población especialmente vulnerable al desarrollo de problemas relacionados con el uso de Internet. El uso problemático de nuevas tecnologías se caracteriza por el descuido de actividades académicas, laborales o domésticas y su sustitución por actividades online como las redes sociales, correo electrónico y/o juegos. En este mismo campo de estudio, diversos investigadores han reportado que el uso patológico de Internet tiene una base común con el resto de las conductas adictivas. De cualquier forma, pareciera que esta adicción a Internet se asocia con conductas suicidas, según la mayoría de autores sobre el tema.

La irrupción de nuevas tecnologías ha instalado nuevos mecanismos de inter-relación, modificando los procesos tradicionales de comunicación y vinculación afectiva. Junto a ello, la modificación del orden simbólico y la desidentificación con valores y de figuras históricamente instaladas en esta etapa evolutiva, han posibilitado, junto a su reemplazo por otras figuras representativas, el surgimiento de nuevos fenómenos socio-conductuales. El adolescente actual padece, no sólo de los sufrimientos propios de la etapa de desarrollo, sino de sobrellevar una gran desorientación acompañada de síntomas, comportamientos y posiciones subjetivas que lo mantienen en constante conflicto consigo mismo y con su entorno. En este lugar, el objeto tecnológico cumple un rol fundamental para el adolescente, constituyendo una herramienta que puede, de igual forma, aislarle como vincularle socialmente.

Dentro de este espacio, de relación mediada por la maquinaria digital, surge la posibilidad de construir una identidad virtual y, junto con ello, espacios para conformar entidades digitalizadas que propicien conductas de riesgo como el cyberbullyng, sexting, grooming, powerleveling, entre otras; y que pueden desencadenar actos autolesivos de carácter letal.

A partir de la masificación del uso de Internet y el fácil acceso a nuevas formas de comunicación, junto con la expansión masiva de redes sociales como Facebook, Whatsapp, Instagram y otras, se han instalado espacios de difusión de información en tiempos inmediatos, fenómeno conocido como *viralización de contenidos*, lo que ha permitido el intercambio de información de manera simultánea en múltiples regiones, independiente de su cercanía geográfica. El gran problema surge, cuando estos contenidos son vejatorios y atentan contra la integridad de un sujeto, pues, constituye una potencial arma de abuso, cuestión que reside principalmente en su posibilidad de anonimato al hacer posible el ocultamiento de la identidad de quienes propician este tipo de conductas; y por lo mismo, dificultando las posibilidades de intervención para frenar fenómenos de esta naturaleza. En este escenario virtual, los menores de edad son especialmente vulnerables a las posibles consecuencias negativas de la pérdida de privacidad, por lo que resulta necesario prestar atención al uso indebido de las redes sociales por parte de estos usuarios y de las políticas de privacidad que ofrecen tales plataformas de comunicación.

Efecto de copiado del suicidio

"La forma en que los medios informan acerca de casos de suicidio puede influir en otros suicidios" advierte la OMS en su guía para los profesionales de los medios.

Un antecedente histórico es el fenómeno que provocó la publicación de la novela "Las penas del joven Werther", del escritor alemán Johann W. Goethe, en 1774. El héroe de esa obra se dispara a sí mismo después de un amor infortunado. Luego de la publicación, hubo muchos varones jóvenes que utilizaron el mismo método para suicidarse. El fenómeno llevó a que se prohibiera el libro en varios lugares.

Se ha sugerido, en tal sentido, que los medios de comunicación, dentro de ellos, las redes sociales, podrían tener una actuación determinante y un efecto contagio en la instalación de conductas suicidas de tipo imitativas. Es lo que se ha denominado *efecto Werther*, también conocido como *efecto Copycat*, el cual es más probable que se produzca cuando el modelo es una persona célebre; por ejemplo, fans que imitan el suicidio de su ídolo.

Muchos jóvenes, y no tan jóvenes, que se convierten en nuevos famosos rápidamente, no pueden procesar ese cambio de status social, llevando "vidas exageradas", sin la consciente consecuencia que lleva a la permanencia en su público por su trabajo realizado. A veces son materia prima para productores que de la noche a la mañana los llevan al estrellato y, en unos días, con solo publicar un escándalo también mediático, verdadero o no, sus mismos seguidores se convierten en sus sepultureros. Así, arrastran a quienes pusieron su "amor propio" y su "propio amor" en una ilusión, en una mentira fabricada como personaje. Esa estrella fugaz, mayormente no puede soportarlo psicológicamente, es llevado a la ruina emocional, financiera y mental. En el mejor de los casos, puede deprimirse; pero se lleva con él a muchos de sus seguidores que quedaron atados a su fama pasajera y produciendo los mismos rebotes emocionales.

Autores se refieren a este fenómeno como *efecto de identificación,* según el cual, una conducta suicida puede precipitar otros intentos en un grupo de adolescentes con características similares, lo que se ha descrito también como *suicidio por imitación.* Para Durkheim, es probable que este tipo de suicidio ocurra en cuanto más cercana sea la víctima de suicidio anterior.

Juegos virtuales de riesgo

Actualmente y desde hace un tiempo, los adolescentes y adultos se ven involucrados en diferentes prácticas que exponen su vida a varios riesgos hasta incluso la muerte. Entre las motivaciones a realizar estas prácticas, podemos señalar:

- ✓ La búsqueda de emociones fuertes.
- ✓ La errónea percepción de que son actividades de bajo riesgo.
- ✓ La presión social que ejerce cierto grupo, como un reto, desafío, o rito de iniciación grupal.
- ✓ Entretenimiento a través de un comportamiento errático.
- ✓ Curiosidad de experimentar un estado alterado de la conciencia o búsqueda de una experiencia próxima a la muerte.
- ✓ La creencia de que así se puede inducir una sensación breve de euforia o sensación de alucinación similar a la del efecto de las drogas y el alcohol.

Entre los juegos más populares, sólo citaremos algunos:

1- El juego de la asfixia o "choking game". Es una práctica de alta peligrosidad que consiste en inducir a una persona al desmayo por medio de la asfixia intencional, con el fin de sentir una sensación de desvanecimiento o hasta perder el conocimiento. A menudo puede resultar en muertes accidentales que son confundidas con suicidios.

2- *La ballena azul*. Es un juego potencialmente dañino y autolesivo al que se le atribuyen casos de suicidio entre adolescentes. El juego consiste en una serie de tareas dadas por los administradores y que los jugadores deben completar, por lo general una al día, algunas de las cuales implican hacerse cortes en los brazos, hasta la última tarea que es el suicidio.

Su difusión comenzó a través de Internet en mayo de 2016 y se originó en la red social rusa Vkontakte. El término "ballena azul" se refiere al fenómeno de los varamientos en los cetáceos, que se compara con el suicidio. Fue creado por Philipp Budeikin, un hombre de nacionalidad rusa, ex estudiante de psicología que fue expulsado de su universidad. El hombre afirmó que su propósito era "limpiar a la sociedad", empujando al suicidio a quienes él consideraba como "personas inútiles en la vida".

3- *El reto de Momo o Momo Challenge*. Se trata de una leyenda urbana acerca de un inexistente "reto" de redes sociales que se esparció por el mundo virtual y sus redes. Se ha reportado que un usuario llamado Momo incita a niños y adolescentes a realizar una serie de tareas peligrosas que incluye ataques violentos, daño autoinfligido y suicidio. Este juego llamó la atención del público en julio de 2018, cuando fue notado por la popular YouTuber ReignBot, tras lo cual personalidades mediáticas y medios masivos de comunicación retomaron la historia trayéndola a la atención del público en general.

En el "reto", personas presentándose a sí mismas como un personaje llamado Momo, toman como blanco a menores de edad y, mediante mensajes de WhatsApp, tratan de convencerlos de contactarlos con su celular, a través del cual se les indica a los jugadores que realicen una serie de tareas. El rechazo a realizarlas tiene como consecuencia amenazas graves. Subsecuentemente, los mensajes son acompañados de imágenes perturbadoras o violencia gráfica.

4- *Tide Pod Challenge (ingesta de cápsulas de detergente).* Tide Pods son una línea de detergentes para ropa de la marca Tide, de Procter & Gamble. Son cápsulas que pueden ser mortales si se ingieren. Las mismas se han vendido desde 2012. En diciembre de 2017, Tide Pods se convirtió en el centro de un meme de Internet, que implicaba un desafío para consumir intencionalmente las cápsulas (contienen etanol, peróxido de hidrógeno y polímeros de cadena larga, que al ingerirlas provocan quemaduras cáusticas en el tracto gastrointestinal). Fue especialmente popular entre los adolescentes y, desde entonces, ha habido un fuerte aumento en los incidentes de envenenamiento.

5- *Outlet challenge.* Nacido en la plataforma Tik Tok, una de las más populares entre los adolescentes. Consiste en conectar un cargador de teléfono y dejar caer una moneda sobre el dispositivo lo cual ocasiona incendios y puede llevar a riesgo de muerte por quemaduras.

6- *Rompe cráneos.* Consiste en que tres jóvenes se coloquen en fila horizontal y salten al mismo tiempo. Los dos de los extremos patean al que está en el medio, provocando así que caiga de espaldas contra el suelo. Como consecuencia, las lesiones pueden ser muy graves; desde una tetraplejia hasta una lesión cervical que provoque la muerte.

7- *Juego de la muerte.* Consiste en una fuerte presión sobre la vena yugular (ubicada en el cuello) hasta que la falta de oxígeno provoca un estado de inconsciencia. Se trata de una moda juvenil que consiste en grabar esta asfixia lúdica para luego difundirla por WhatsApp y redes sociales. Sus consecuencias son convulsiones, alucinaciones, lesiones neurológicas y, en el peor de los casos, el fallecimiento.

Ciberbullying o acoso virtual

Es el uso de medios digitales para molestar o acosar a una persona o grupo de personas mediante ataques personales, divulgación de información confidencial o falsa entre otros medios que implica un daño recurrente y repetitivo.

Características

El cyberacoso engloba diferentes tipos de acoso: psicológico, acecho o stalking, grooming, acoso laboral, sexual, inmobiliario, moral, financiero, etc.

Los actos de cyberagresión poseen características concretas: **anonimato del agresor, velocidad y alcance.** También se puede nombrar: la falsa acusación (para dañar la reputación de la víctima), publicación de información falsa sobre las víctimas en sitios web, recopilación de información sobre la víctima, envíos de forma periódica de correos difamatorios al entorno de la víctima, falsa victimización del cyberacosador, ausencia de un propósito válido y falta de proximidad física con la víctima.

Los que viven este tipo de acoso sufren problemas de estrés, humillación, ansiedad, depresión, ira, impotencia, fatiga, enfermedad física, pérdida de confianza en sí mismo, pudiendo derivar al suicidio.

En Argentina, el *cyberacoso o grooming* es el acoso sexual que realiza un adulto a un niño, niña o adolescente por medio de Internet o de un teléfono. Es un delito – art. 131 del Código Penal – que tiene como sanción la pena de prisión de 6 meses a 4 años. Se puede realizar la denuncia en una comisaría o fiscalía. Si una persona conoce un caso de cyberacoso se puede comunicar con el Equipo Niños del Ministerio de Justicia y Derechos Humanos de la Nación Argentina, llamando a la línea gratuita 0800-222-1717 que funciona para todo el país, y en la Ciudad de Buenos Aires puede llamar a línea 137.

Los casos de cyberacoso más mediáticos fueron los de Megan Meier, Ryan Halligan, Amanda Todd, Phoebe Prince, August Ames, Jamey Rodemeyer y Tyler Clementi Kim Jonghyun.

Un suicidio en la familia: ¿cómo se lo digo a los niños?

El suicidio se considera a menudo un estigma social, pero sin embargo es una de las principales causas de muerte en el mundo. De hecho, silenciar este tema es lo que propicia su estigmatización,

Lo más importante a tener en cuenta a la hora de comunicar un suicidio es la **sinceridad y la adaptación de la noticia** a la edad del niño. El suicidio no suele ser la causa de la muerte y con los niños hay que apelar a la causa. Si se habla de lo ocurrido, se evita que los niños se enteren por terceras personas, recibiendo así la noticia de forma inadecuada y dificultando su duelo posterior. Si resulta que la situación es muy difícil para explicar, es aconsejable pedir ayuda a personas cercanas o a un profesional.

Cuando una persona cercana a un niño se suicida, se puede observar las siguientes reacciones: *culpa, abandono y enojo* (hacia el fallecido o aquellos que lo rodeaban). También pueden pensar que la muerte es un hecho contagioso. Es normal que el niño tenga miedo a quedarse solo de manera repentina, por lo tanto, hay que garantizar su seguridad. Es bueno que sepan que, aunque hay personas que mueren de manera repentina o que deciden poner fin a su vida, no es el modo habitual de morirse. Se pueden poner otros ejemplos de muertes que haya habido, aunque ellos no los hayan conocido, como abuelos o bisabuelos.

Es habitual que pregunten el porqué de lo sucedido. Aunque sea difícil, es necesario aceptar y explicar al niño que en la vida hay muchas preguntas sin respuesta. Para aquellas que no se sepa responder, se puede mostrar comprensión y hacerles saber que los adultos, muchas veces, tampoco tienen la respuesta.

A los niños hay que explicarles que, en general, la muerte no se puede evitar y dejarles que expresen sus emociones. A medida que el duelo evoluciona hay que preservar el recuerdo de la persona fallecida. Es conveniente que el niño entienda que hay otras muchas situaciones, detalles y anécdotas distintas que han vivido juntos a las que puede apelar para recordar al ser querido de una manera positiva.

Cuando recurrir a la ayuda profesional

Ante este tipo de pérdidas, es normal que los niños se vuelvan irritables y alteren elementos de su conducta o rendimiento; pero, aunque no hay que alarmarse, si este comportamiento se prolonga en el tiempo o refleja otro tipo de reacciones, es recomendable consultar a un especialista.

Una vez que el niño o adolescente sabe de un suicidio, puede "simular" o repetir frases que le dan indicios falsos a los adultos. Esa manipulación confunde y crea un antecedente para llamar la atención o conseguir cierto privilegio.

Al otro lado está la curiosidad de qué hay después de la muerte. Estar en una situación sin retorno puede ser cautivantemente llamativo. Por tanto, los comentarios o frases que los adultos o los medios repiten pueden quedar como una huella mnémica que puede aparecer frente a una situación límite o crítica.

Un especialista podrá ayudar de manera individual y familiar a transitar el duelo de enterrar el dolor y a evitar posturas de evitación, victimización, proyección u otros mecanismos de defensa, detectando si el dolor es interno o también de presiones o amenazas emocionales externas. El profesional ayudará a crear en cada uno, la memoria real y un recuerdo adecuado.

Un psicólogo podrá prevenir a los sobrevivientes de la sobreprotección a los cercanos, de las propias conductas de riesgo o contrafóbicas, a gestionar terapéuticamente el pánico, la ansiedad, los sueños, diferenciar sueños vívidos de alucinaciones auditivas, visuales o cenestésicas.

Asimismo, debe programarse la mejor manera de volver a los círculos que se frecuentaba: club, iglesia, trabajos, así como las festividades navideñas, cumpleaños, entre otras.

Un psicólogo de la misma base de fe y con empatía podrá ayudar, de acuerdo a la edad del deudo, a transitar el dolor emocional, la culpa, la resiliencia, el estrés post traumático, ampliando el umbral del dolor para prevención de cualquier otro evento difícil de sobrellevar.

El suicidio en tu pantalla

La visual, sumado a lo auditivo, es de un impacto tan penetrante en nuestro cerebro que puede impedirnos conciliar el sueño, influir en nuestros pensamientos y hasta en nuestras relaciones.

Así, hay personas que queriendo o sin querer asocian a algún protagonista con su propia vida. Otros se hacen adictos a películas o series de terror, muerte, violencia y, aunque no sucede en todos los casos, el efecto puede resultar en aceptar naturalmente la propia muerte o, por el contrario, acrecentar el inconsciente deseo de manejar y decidir la forma y el momento para vencer la angustia de la incertidumbre y no dejar nada al azar, o a Dios.

"El vendedor de sueños" (2020), una película brasilera, plantea algunas hipótesis: Que el suicida es un asesino, porque primero se mata a sí mismo, pero luego va matando a los que lo rodeaban (hijos, familia, amigos). Que el suicida es un hombre de fe que va al encuentro de una sensación de alto éxtasis, con un corazón latiendo tan fuerte que explota. Que el suicida quiere matar su dolor. Pero al fin, el suicida se salva porque alguien le vende una coma (,). Esa coma que permite volver a la vida para seguir escribiendo su historia, porque aún su libro puede tener un final diferente.

La serie "After life", llamada en Latinoamérica "más allá de mi mujer", tiene algunas frases que me hacen reflexionar en la mente de un suicida. Tony, un viudo depresivo, el sarcástico protagonista, dice: "Puedo hacer lo que quiera y si sale mal, suicidarme es un superpoder, puedo ser un superhéroe". "El mundo es un lugar tan malo que debería ser un deber moral quitarse la vida". "¿Suicidarme? No lo hago porque es demasiado bueno para mí". "No me mato porque tengo temor al dolor", "No me mato porque soy adicto a la pena".

Muchos clásicos se basaron en historias de padres opresores, adolescentes que ocultan su depresión, trastornos de personalidad invisibles para la gente común, amigos que se suicidan, científicos o religiosos que quieren vencer a la muerte, padres que se suicidan para ver a su hijo muerto, pactos de muerte en masa, alucinaciones visuales o auditivas insoportables que llevan a una persona a matarse para liberarse de esa presión.

La pandemia por el coronavirus trajo un auge de series y películas en plataformas como Netflix, deslumbrando con famosas series con varias temporadas como "13 Reasons Why", con el enigma cautivante de una manipuladora post-mortem. Confirmando el atractivo que tiene el adolescente por la lealtad, por el desafío, por la atracción a todo lo prohibido queriendo vencer el tabú. Los críticos se dividen entre quienes consideran que es una serie preventiva y quienes aseguran que induce al suicidio. El tiempo lo dirá.

En canciones, en animé, en testimonios en internet, en libros, en grafittis, en teatro, en pinturas o esculturas, en todas las expresiones artísticas existe el tema del suicidio, abordados desde diferentes ángulos, pero inevitable.

El planeamiento suicida está ideado en general por canciones o poesías lúgubres, que hablan o preguntan sobre la muerte. La captación de información nunca es advertida por quienes rodean al suicida, porque generalmente no se puede descubrir debido a que no hay una cultura diferente en lo visible como la ropa, los libros, la música, el cabello, tatuajes, anillos, piercings. Son cambios que en la adolescencia o en la juventud parecen naturales.

Ideación suicida

Los pensamientos de algunos suicidas: ¿Quién vendrá a mi velorio? ¿Cuán triste estará mi amiga? ¿Llorará mi novio? ¿Me extrañarán mis padres? ¿Mi hermano usará mi cuarto?

Algunos parecen querer saber o asegurarse de que no es un pecado, que el más allá es lo mejor. Si la ideación suicida pasa por pasajes de la Biblia puede complementarse como que "estar con Cristo es mucho mejor" de la carta del Apóstol Pablo a los Filipenses Cap. 1:

[20] Pues espero firmemente que Dios no me dejará quedar mal, sino que, ahora como siempre, se mostrará públicamente en mí la grandeza de Cristo, tanto si sigo vivo como si muero. [21] Porque para mí, seguir viviendo es Cristo, y morir, una ganancia. [22] Y si al seguir viviendo en este cuerpo, mi trabajo puede producir tanto fruto, entonces no sé qué escoger. [23] Me es difícil decidirme por una de las dos cosas: por un lado, quisiera morir para ir a estar con Cristo, pues eso sería mucho mejor para mí; [24] pero, por otro lado, a causa de ustedes es más necesario que siga viviendo.

¿Qué será bueno hacer como adultos?

- Crear espacios saludables para hablar de lo que nos pasa, cómo nos sentimos.
- Evitar comentar de ejemplos de casos de suicidios, o sus detalles.
- Conectar con los intereses del adolescente/joven.
- Hablar del contagio de emociones.
- Explicitar el sentimiento de perdón y autoperdón.
- Entrenarnos en signos de alerta para prevenir suicidio de amigos y familiares.
- Aprender a escuchar más allá de lo que el joven dice.
- Darle significado a la esperanza.

- Consultar ante la sospecha de un trastorno mental.
- Asegurar el amor de Dios.
- Conversar sobre eventos traumáticos del pasado.
- Intervenir en planes especiales del joven, sus proyectos a corto y mediano plazo.
- Explicar el significado de la autoagresión.
- Sin llenar de números o estadísticas, saber que el suicidio es la segunda causa de muerte en jóvenes (en 2018: 800.000 y en 2020: 1.500.000).
- Descubrir juntos qué provoca las ideas suicidas. Qué elementos deben juntarse en la mente del joven para suicidarse, cómo mantenerse alerta.
- Enseñar la real interpretación y el contexto de ciertos pasajes bíblicos, poesías, canciones y sus autores.

Cada siglo tuvo sus tabúes. Cambios de tabú.

En el siglo 20 los tabúes pasaban por la sexualidad: sexo inseguro, abortos, cambio de género, sexo libre, *touch and go*, homosexualidad. Pero en el siglo 21 el tabú tiene que ver con la muerte: la pandemia, las conductas contrafóbicas, los suicidios, las muertes para protestar o la inmolación. Amenazar con matarse, no soportar injusticias, discriminaciones, no querer sufrir nada, evitar el dolor, hombres bomba adiestrados, agentes de la muerte.

Èmile Durkheim (1897) distinguió cuatro tipos de suicidio.

El **suicidio altruista** es el causado por una baja importancia del yo. Durkheim pone el ejemplo de los pueblos celtas, entre quienes llegó a ser honroso el suicidio de los ancianos cuando eran incapaces de obtener recursos por ellos mismos. Tomando como ejemplo el ejército, Durkheim destaca que en los países donde en las sociedades se suicidan más (por el suicidio egoísta), en el ejército se suicidan menos, y viceversa. El altruismo nos conduce a pensar en tomas como la eutanasia, la muerte benévola, el suicidio asistido.

El **suicidio egoísta** tiene lugar cuando los vínculos sociales son demasiado débiles para comprometer al suicida con su propia vida. Las grandes ciudades incluyen una extraña soledad, donde figurar es destacarse, son sociedades exitistas donde cada individuo es su propio mundo. En ausencia de la presión y la coerción del entorno, el suicida queda libre para llevar a cabo su voluntad de suicidarse, como forma de poder salir de esos no-vínculos y a la vez destacarse por su "valiente" acción. Esta forma de suicidio tiende a darse más en las sociedades actuales, en las que la dependencia de la familia es menor.

El **suicidio anómico,** es el que se da en sociedades cuyas instituciones y cuyos lazos de convivencia se hallan en situación de desintegración o de *anomia*. En las sociedades donde los límites sociales y naturales son más flexibles, sucede este tipo de suicidios. Por ejemplo, en los países donde el matrimonio tiene un peso menor, por la existencia del divorcio, el suicidio es mayor. Es el suicidio de las sociedades en transición. Otro ejemplo es el comercio y la industria, donde el cambio es crónico, casi permanente.

El **suicidio fatalista** se produce allí donde las reglas a las que están sometidos los individuos son demasiado férreas para que éstos conciban la posibilidad de abandonar la situación en la que se hallan. Las sociedades esclavistas serían ejemplos de situaciones en las que se da este suicidio.

Agregaría el **suicidio diádico,** donde el suicida deja un mensaje, un diálogo explicativo o excusa de su acto. Seguramente relata ese mensaje pensando en alguien en especial. A veces es dirigido a esa persona (un ser amado, padres, amigo) o al mundo.

Una de las conclusiones a las que llega Durkheim es que en las sociedades y las comunidades que requieren más cohesión y solidaridad orgánica para sobrevivir, la tasa de suicidios será menor justamente porque la responsabilidad hacia el grupo al que se pertenece es un freno de la voluntad de suicidio.

Eso explicaría datos como, por ejemplo, que los judíos se suicidaran menos incluso que los católicos. Según Durkheim era la precariedad en la que vivía la mayor parte de las comunidades judías en la Europa del siglo XIX lo que hacía que los individuos dependieran más unos de otros. En ese tipo de sociedades el suicidio es percibido como un acto de irresponsabilidad hacia el grupo y de quebranto del deber hacia el mismo.

Todo esto, considerando el contexto en el que Durkheim escribía. Émile Durkheim, era francés, vivió entre 1858 a 1917, fue un sociólogo y filósofo que no pasó la segunda guerra mundial y muchos cambios de la modernidad y de la globalización.

En el otro lado del mundo

Los niños, y en especial los secundarios japoneses, incrementaban año tras año las tasas de suicidio; luego de una gran tarea de las autoridades del país y los docentes, en 2019, aunque siguen siendo altísimas, bajaron esas tasas. Durante la pandemia, debido a la poca interacción socio-escolar, y la protección de la familia, se reducen los suicidios. Ahora se está a la espera de obtener cifras, pasando los meses, luego de la pandemia de COVID-19.

A diferencia de los motivos del suicidio en países desarrollados, las ciudades del tercer mundo son presionadas por la pobreza extrema, por la amenaza permanente de muerte, enfermedad, guerras. Por ello también es la poca estadística con la que se cuenta.

Formulario de entrevista o Taller para grupos terapéuticos o escolares

La manera profesional de encarar la problemática irá en concordancia con los participantes. Se formarán grupos lo más homogéneos posibles en edad y sobre todo en problemática. No es lo mismo un taller de prevención que un grupo de padres de hijos suicidados ni que un grupo de personas que intentaron suicidarse. Será útil crear un espacio en la escuela o club o iglesia donde haya habido algún conocido que se haya suicidado o lo haya intentado. Hablar en esa ocasión junto a un profesional, será una buena manera de prevención social.

Si se realizara algún tipo de encuesta o formulario podrían plantearse preguntas como:

- ¿Consideras el suicidio una forma cobarde de afrontar los problemas de la vida?
- ¿Crees que, al igual que se reconoce el derecho a la vida, se debería reconocer el derecho propio de renunciar a la misma?
- ¿Alguna vez has pensado en suicidarte?
- Según la respuesta anterior se añadirá: ¿Qué condiciones tendrían que darse para plantearte esta opción?

Neurociencias: Algunas investigaciones

La neurociencia aporta una nueva perspectiva que puede ayudar a disminuir las tasas de suicidio en todo el mundo. Anticipar y prevenir el suicidio implica identificar a las personas con mayor riesgo de dañarse a sí mismas e impulsar intervenciones multidisciplinares.

En un informe de 2017, se calculaba la diferencia entre el suicidio y otras muertes no naturales. En España, decía el informe, se suicidan 10 personas por día (las crisis al menos duplican el porcentaje). Es más, del triple de los fallecidos en accidente de tráfico, más de diez veces el número de homicidios y más de sesenta veces el número de mujeres asesinadas por violencia de género; pero los suicidios solo se publican en forma individual cuando atañen a famosos o a formas espectaculares.

Los más afectados por suicidios son los profesionales sanitarios, los policías y también los son los universitarios. El Reino Unido comparó cifras récord de suicidios que en la última década aumentó el 500 % en los alumnos de primer curso que habían pedido ayuda por un problema mental: ansiedad, depresión, problemas de atención, ideas suicidas.

Investigadores de la Universidad de Yale han encontrado un biomarcador en el cerebro que delata las intenciones suicidas, llevando al mínimo el riesgo personal.

Los biomarcadores o marcadores biológicos, son substancias que indican un estado biológico, sean bioquímicos, fisiológicos o morfológicos. Pueden medir objetivamente si un proceso biológico es normal o patológico (indicativo de una enfermedad). En el caso del suicidio, es un indicador del estado de salud, de la esperanza de vida o del riesgo de enfermedad.

El biomarcador relacionado con el suicidio, conocido como mGlurR5, es un receptor de glutamato que se encuentra en todas las regiones del cerebro.

Según la Organización Mundial de la Salud declara, el riesgo de suicidio es mucho mayor entre las personas con trastorno de estrés postraumático (TEPT), que surge después de haber vivido o presenciado un acontecimiento impactante, como lo es en nuestra época la pandemia COVID-19. Los investigadores descubrieron que las personas con TEPT o trastorno depresivo mayor que experimentan pensamientos suicidas muestran niveles elevados de este marcador, mientras que los que no tienen pensamientos suicidas tienen niveles normales.

También verificaron que el 30 por ciento de estos receptores de glutamato mGluR5, se aglomeran fuera de las neuronas en individuos que experimentan pensamientos suicidas, en comparación con los individuos sanos.

Además, gracias a este descubrimiento, los investigadores podrían investigar formas de regular los niveles de mGluR5 con la esperanza de minimizar el riesgo de suicidio en pacientes con trastorno de estrés postraumático, añade.

El tiempo ha permitido hacer el recuento de suicidios después de la guerra en las Islas Malvinas, que superaron a los muertos durante ese conflicto armado en el Atlántico Sur en 1982 entre la Argentina y el Reino Unido.

Lo nuevo en neurociencias

Con la desesperanza más una enfermedad mental de base, en la mayor parte de los casos, el suicidio comienza a desearse, idearse y luego puede accionarse. La intoxicación por drogas legales e ilegales, la soledad, el dolor psicológico o por una enfermedad crónica/incurable, la conducta maníaca son pródromos de los intentos de suicidio.

Desafortunadamente, los medicamentos en general requieren que los pacientes los tomen durante semanas o meses antes de que los profesionales de la salud mental puedan medir su eficacia. Pero para las personas que planean el suicidio, las semanas o los meses suelen ser demasiado largos, especialmente cuando les parece que los medicamentos destinados a evitarlo no funcionan o se cree que no funcionarán. Es sabido que el suicida no le dará indicios certeros a un médico o psicólogo. Es posible que a un amigo le diga frases sueltas como: "estaría mejor en el más allá", "mi mujer/hijos/familia estaría mejor si me muero". En general, nadie tiene en cuenta con estas frases un posible suicidio

El suicidio es de causa multidimensional en el que intervienen factores sociodemográficos, clínicos, neurobiológicos y genéticos. El suicidio es la expresión de una falla de los mecanismos adaptativos del sujeto a su medio ambiente, que puede ser provocada por una situación conflictiva actual o permanente que genera un estado de tensión emocional que no puede soportar. Algunos estudios en este ámbito manifiestan, además, que las conductas suicidas podrían tener una predisposición genética independiente del aumento de riesgo suicida asociado al diagnóstico de enfermedades mentales como los trastornos afectivos, la esquizofrenia, o la dependencia de alcohol (comorbilidad).

Neuropsicología y Neurobiología del comportamiento suicida

El suicidio es una solución definitiva a problemas que no son definitivos.

La Neuropsicología en este tema puede ayudar en la prevención para la población de riesgo y en el tratamiento de las personas que ya han tenido actos suicidas, porque se calcula que el 50% de las personas que tuvieron un intento de suicidio volverán a intentarlo y quizá sea definitivo.

Ahora se ha puesto de manifiesto el papel de la serotonina en la conducta suicida: se destaca que los niveles bajos de serotonina en el líquido cefalorraquídeo son notorios en personas con intentos suicidas causales de depresión y/o violentos. Se ha observado también un aumento del cortisol urinario y en saliva de 24h en pacientes que habían intentado suicidarse recientemente. Igualmente, se ha observado descenso en los niveles de ácido homovanílico (metabolito de detección en laboratorio) en la excreción. Se relacionan las personas que presentan intentos suicidas reiterados con las bajas concentraciones de neuropéptidos junto con el aumento de la hormona liberadora de corticotropina.

Además, la proteína quinasa C se ha visto implicada en la patogénesis de los trastornos del estado de ánimo y se ha observado una reducción significativa de la misma en el hipocampo de adolescentes víctimas de suicidio, en comparación con los sujetos control. Por último, se ha visto relación con varios receptores químicos, como los noradrenérgicos, benzodiacepínicos, de serotonina a nivel plaquetario y postsinápticos.

Alteraciones funcionales, cognitivas y anatómicas

Las neurociencias cognitivas relacionan la hipofunción de la corteza prefrontal con las alteraciones en el control de la conducta, lo que puede verse relacionado con estas conductas suicidas, en la toma de decisiones y en la capacidad para elaborar respuestas adaptativas ante situaciones desfavorables. Se considera que muchos trastornos psiquiátricos, incluidos los trastornos del humor y el abuso de drogas, son consecuencia del deterioro de algunos aspectos de la capacidad en la toma de decisiones. La disfuncionalidad del hipocampo y en la sustancia blanca se relacionan con la depresión y, en el último caso, impide la resolución de problemas y la búsqueda de opciones alternativas

También se sabe que la hiperactividad de la amígdala aumenta la agresividad y la impulsividad, lo que puede favorecer el suicidio, y las anormalidades en su estructura alterarían los grados de ansiedad, agresión y la reacción adecuada en situaciones de peligro. En cuanto a los biomarcadores, se ha encontrado relación con el colesterol y los ácidos grasos poliinsaturados, en rasgos de personalidad impulsiva o agresiva de los suicidas. La relación entre el suicidio y las enfermedades orgánicas es significativa: enfermedades como cáncer de mama o páncreas, epilepsia, entre otras, se asocian a trastornos del ánimo.

Prevención y tratamiento

La neuropsicología es una muy buena herramienta de evaluación y cálculo del nivel de riesgo de conductas autoagresivas. Usando la evaluación neuropsicológica – técnicas de screening, biomarcadores, etc. – se podría identificar y tratar precozmente a personas con ideas, planes o conductas suicidas. Además, se podría realizar un tratamiento urgente a las personas que han llevado a cabo conductas suicidas fallidas. El tratamiento ideal comprende un abordaje farmacológico a la vez que psicoterapia. Para prevenir la conducta suicida se debe involucrar a los profesionales de la salud pública y a quienes se relacionan más con los pacientes como los familiares, maestros y amigos.

Capítulo 3

MEDICINA Y PSIQUIATRÍA DEL SUICIDIO

El suicidio constituye, por su frecuencia y los años de vida perdidos, un serio problema de Salud Pública. Durante los últimos 50 años y, según estadísticas de la Organización Mundial de la Salud (OMS), las tasas de morbilidad a causa del suicidio se incrementaron en un 60%, especialmente en los países considerados en vías de desarrollo. Se convirtió en la segunda causa de muerte entre personas de 15 a 34 años.

Cada año se suicidan más de un millón de personas; cada 40 segundos una persona se quita la vida en algún lugar del mundo y cada 3 otra intenta quitársela forma fallida. Por cada persona que se suicida, hay otras 20 que fallan en el intento. Según las estadísticas, por cada mujer que se suicida, cuatro varones lo hacen; en cambio por cada intento de suicidio masculino, hay cuatro o más intentos en el sexo femenino.

Hay algunos datos que indican que, en promedio, sólo cerca del 25% de los que llevan a cabo actos suicidas, hacen contacto con un hospital público (posiblemente uno de los mejores lugares para la recopilación de datos) es decir, que la mayoría de las personas suicidas siguen pasando inadvertidas.

El *suicidio,* es definido por la Organización Mundial de la Salud (2010) como **"el acto deliberado de quitarse la vida"**. La evolución hacia la ejecución del acto implica desajustes emocionales, cognitivos y comportamentales en el sujeto, indicadores de pérdida de su salud individual.

El ***intento suicida o parasuicidio*** es definido por la OMS, como *"un acto con una consecuencia no fatal en la cual el individuo realiza deliberadamente una conducta no habitual con amenaza de muerte, que, sin la intervención de otros, le causará autodaño, cuyo objetivo es producir cambios que él o ella desean a través de las consecuencias físicas y psíquicas reales o esperadas cercanas a la muerte"*. Esta situación es más frecuente que los suicidios consumados.

Las **conductas suicidas** abarcan desde la ideación suicida, la elaboración de un plan, la obtención de los métodos para hacerlo hasta la consumación del acto, con o sin éxito. El proceso suicida se inicia en el momento en que comienzan los pensamientos sobre cómo quitarse la vida, pasa por la realización de los primeros intentos suicidas, con un incremento gradual de la letalidad del mismo hasta lograrlo. Así se establece una secuencia progresiva. Entre las conductas suicidas, **la ideación suicida** es la más frecuente. Las investigaciones en poblaciones generales muestran que una proporción importante de las personas reconocen que han presentado ideación suicida en algún momento de su vida y un tercio de ellas pasarán a planificar un intento de suicidio; sólo logran efectivizarlo el 10% (**suicidio consumado**). Se sabe que la mayor parte de las personas que consuman un suicidio han dado aviso previamente a sus familiares y conocidos; pero, en la mayor parte de las ocasiones, han sido desestimados en su gravedad.

La Guía de Práctica Clínica sobre la depresión mayor en la infancia y en la adolescencia (Ministerio de Sanidad y Política Social, Argentina, 2009) considera como aspecto clave la intencionalidad del sujeto, de modo que define los siguientes tipos de conducta suicida:

- *Suicidio frustrado*: acción realizada por el sujeto con intención autolítica (presencia persistente de pensamientos o ideas encaminadas a cometer suicidio). Se produce en circunstancias no previstas por la persona que impiden la culminación del suicidio.

- *Amenaza de suicidio*: serie de expresiones manifiestas, acompañadas o no de acciones de inicio del suicidio, y que indican a los demás la intención de realizarlo. Estas amenazas, muchas veces, son utilizadas por los adolescentes para manipular y conseguir algunos resultados que desean; sin embargo, lo que provocan es poner en riesgo su propia vida.
- *Conducta auto-lesiva:* autolesiones que consisten en provocarse un daño corporal sin una intención de suicidio, es decir, sin llegar a poner en riesgo la propia vida. Son las más frecuentes en niños y adolescentes.

Las investigaciones indican que el comportamiento suicida no mortal, es de mayor prevalencia entre los jóvenes que en las personas mayores. Es importante mencionar que la actitud mantenida hacia el suicidio ha evolucionado enormemente en función de las condiciones filosóficas, religiosas e intelectuales de cada momento. En la actualidad y en casi todo el mundo, el suicidio es un grave problema de Salud Pública, ya que se sitúa entre las principales causas de muerte.

Delito o Enfermedad

Es muy difícil encontrar una definición universalmente aceptada de "suicidio". En sus orígenes muchos lo vieron como un delito y otros como una enfermedad. Yampey (1992) es quien confirma que la palabra suicidio deriva del latín moderno *sui* (de sí mismo) y *cidium* (de matar). Otros autores, dicen que suicidarse es elegir terminar voluntariamente con la vida, ya sea un acto terminante o crónico, o que la desvalorización de la vida se expresa, no sólo en una mayor predisposición al suicidio, sino también en una mayor exposición a situaciones riesgosas. Según Freud, el suicidio aparece como un recurso desesperado ante una situación que el paciente considera de salida.

Desde la psicología y la sociología varios son los autores que coinciden en que, a pesar de que el suicidio sea un acto individual, las causas que llevan al individuo a terminar con su vida dependen de factores sociales. La tasa de suicidios constituye un buen indicador del estado de una sociedad, pues el aumento del suicidio suele estar asociado a problemas más generales que afectan a todo el colectivo social. En muchas ocasiones, la rapidez con que se suceden los cambios socioculturales, las nuevas pautas o estilos de vida y las crisis de valores representan factores conflictivos en las personas y actúan como desencadenantes de procesos melancólicos que no les permiten mantenerse dentro del acelerado ritmo de las transformaciones. Así también, la adhesión a sectas suicidas puede tener su origen en una revolución social (914 muertos en Guyana, 18 noviembre 1978, "Templo del Pueblo" del reverendo Jim Jones. 230 muertos en Uganda, 17 marzo 2010, "Restauración de los Diez Mandamientos de Dios"). También hay sociedades ultrareligiosas que consideran la santidad extrema para quienes ofrendan su vida en guerras y atentados.

El diferencial por sexo suele vincularse en algunos autores como Durkheim (1897) a la mayor participación que históricamente tuvo el hombre en la vida social, donde por su tipo de ocupación estuvo más involucrado en la sociedad y participó mucho más activamente que la mujer. Otra de las teorías menciona que las mujeres tendrían redes sociales más fuertes para enfrentarse con situaciones críticas (Dandan, 2002). Observar la diferencia de percepción social sobre género en 1897 y en 2002.

Mortalidad por suicidio en la adolescencia

La OMS define a la **adolescencia** como "el período de crecimiento y desarrollo humano que se produce después de la niñez y antes de la edad adulta entre los 10 y 19 años". Este momento de la vida, se caracteriza por un ritmo acelerado de crecimiento y cambios, encontrándose condicionada por diferentes procesos biológicos. La adolescencia no es vivida de la misma manera por todas las personas. Está determinada por factores sociales, económicos y culturales. Se los considera una población vulnerable ya que su morbilidad se asocia a accidentes, violencia, suicidios, embarazos prematuros, consumo de sustancias, malos hábitos alimentarios, enfermedades prevenibles y enfermedades graves como el VIH (OMS, 2011).

En el adolescente se generan cambios referidos a la adaptación e integración de una nueva estructura corporal, hay un desarrollo del pensamiento y juicio crítico a la reestructuración de la identidad y la construcción de un proyecto de vida. Esto acarrea perturbaciones que afectan al sistema familiar, transformándose en el conjunto de interacciones, originando un nuevo sistema de relaciones que implican nuevos comportamientos de cada miembro del grupo. Podemos decir que el adolescente transita en esta etapa de la vida por un período de autoconocimiento que le permite construir una personalidad firme.

En las últimas décadas se observó un importante incremento de las conductas suicidas infantojuveniles y con una disminución en la edad de presentación. El suicidio a nivel mundial se encuentra entre las tres primeras causas de muerte en las personas de 15 a 44 años, teniendo un alto impacto en términos de Años Potenciales de Vida Perdidos (APVP). Como mencionáramos, las tasas de suicidio han aumentado un 60% en los últimos 50 años y ese incremento ha sido más marcado entre los jóvenes, al punto de convertirlos en la actualidad en el grupo de mayor riesgo en un tercio de los países del mundo. El aumento de la tasa de suicidio juvenil estaría relacionado con los efectos de un debilitamiento cada vez mayor de los lazos sociales, característica propia de la época actual. En este sentido, existiría una presencia constante de sentimientos de depresión, desesperanza o desesperación, que harían que el joven y el adolescente se sientan incapaces de resolver problemas.

Es importante conocer que las conductas suicidas infantojuveniles son actos que se expresan en un continuo de menor a mayor gravedad que son los siguientes: la ideación suicida, la amenaza o gesto suicida, las verbalizaciones recurrentes de autolesionarse o provocarse la muerte, el intento de suicidio y el suicidio consumado. Dentro de las conductas suicidas, la ideación suicida es la más frecuente en niños y adolescentes de ambos géneros, y que no necesariamente se asocia con la presencia de rasgos o trastornos psicopatológicos; a diferencia de los intentos de suicidio, que son menos frecuentes, pero que se asocian con mayor prevalencia a trastornos psicopatológicos.

Según un informe de la OMS (2001), *"tener ocasionalmente pensamientos suicidas no es anormal"*. Se los considera como parte de un proceso normal de desarrollo en la infancia y adolescencia como forma de elucidar los problemas existenciales e intentar comprender el sentido de la vida y la muerte. Las encuestas realizadas muestran que más de la mitad de los jóvenes que cursan estudios superiores secundarios tuvieron pensamientos suicidas.

Algunas estadísticas

En Argentina, los suicidios constituyen la segunda causa de muerte por causas externas, luego de las lesiones de tránsito (UNICEF). En el grupo de 15 a 19 años, la mortalidad es más elevada, alcanzando una tasa de 12,7 suicidios por cada 100.000 habitantes, siendo la tasa en varones de 18,2 y en las mujeres de 5,9. Desde el principio de la década de 1990 hasta la actualidad, la mortalidad por suicidio en adolescentes se triplicó considerando el conjunto del país (MSAL 2016).

Aunque en ambos sexos la causa de mortalidad más frecuente son las externas, éstas explican el 68% de las muertes masculinas y solo el 42% de las femeninas. Entre las causas externas, las más frecuentes son los accidentes, seguida por los

66

suicidios (22%). Las muertes por homicidios y agresiones, excluyendo los eventos de intención no determinada, dan cuenta del 14% de las muertes de adolescentes. Transcribimos la estadística de UNICEF sobre la mortalidad adolescente por suicidio según el tipo de suicidio y sexo entre 2012 y 2016:

TIPO DE SUICIDIO	% Varones	% Mujeres
Envenenamiento	0,6	2,8
Ahorcamiento	87,8	87,8
Disparo de arma de fuego	9,3	4,7
Saltar desde un lugar elevado	1,7	3,5
Otros no especificados	0,6	1,2
	100,0	100,0
Total de casos	**(1596)**	**(599)**

Mientras que los varones presentaron una tasa de mortalidad por suicidio de más de 8 cada 100.000 adolescentes, en el caso de las mujeres la tasa es 3,32 muertes cada 100.000 adolescentes. Aunque la mortalidad de las mujeres en estas edades es menor, el peso social del suicidio en la mortalidad femenina es importante. En la población total del país, los varones tienen aproximadamente 3 veces más chances de morir por suicidio que las mujeres. Los adolescentes varones con un menor nivel socioeducativo tienen tres veces más de posibilidades de cometer un suicido que los adolescentes varones con un nivel educativo de secundaria completa o más.

En las provincias de Jujuy, Chubut, Santa Fe y Misiones se concentran las mayores tasas de suicidio. Al parecer, se producen "epidemias periódicas" de suicidios y la tasa de los mismos en adolescentes es significativamente alta comparada con la de la población general. En los últimos años, en la Ciudad Autónoma de Buenos Aires no aparecen registros de suicidios, observándose un aumento en el número de muertes por causas externas indeterminadas, lo cual puede afectar la tasa nacional. Un factor que influye en las estadísticas, es que los suicidios son intervenidos por policía y no siempre llegan a la morgue para una autopsia, por tanto, el motivo de defunción será certificado como paro cardiorespiratorio, no registrándose como suicidio.

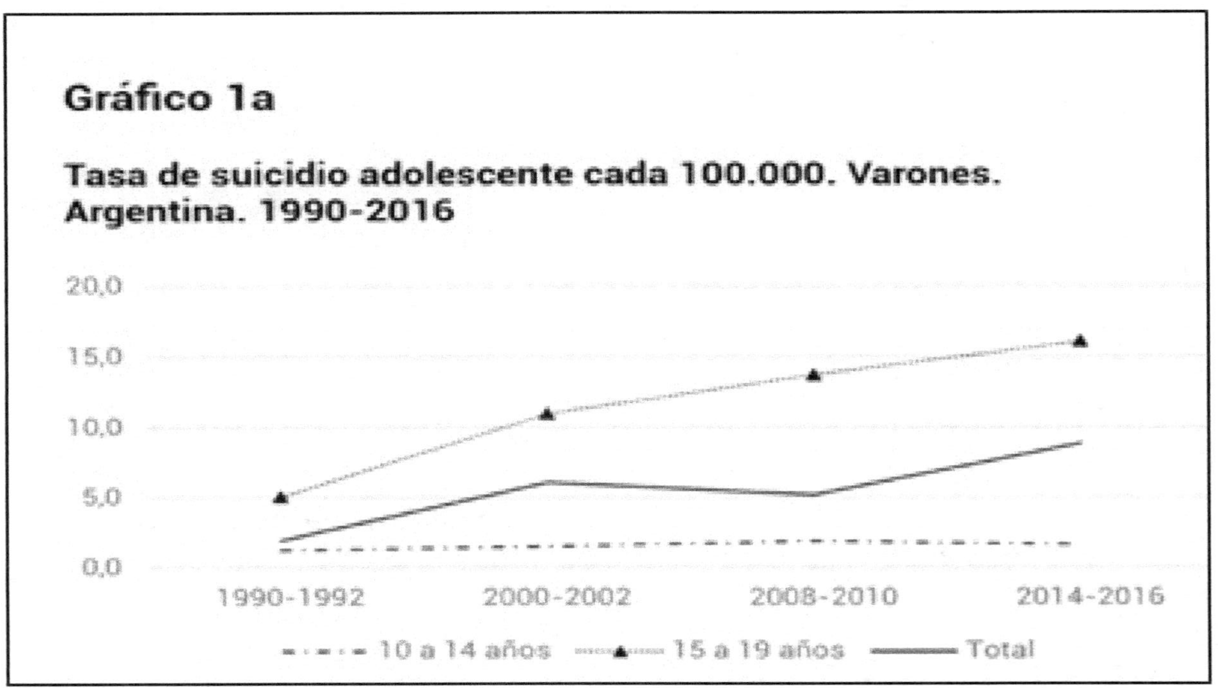

Gráfico 1a
Tasa de suicidio adolescente cada 100.000. Varones. Argentina. 1990-2016
20,0
15,0
10,0
5,0
0,0
1990-1992
2000-2002
2008-2010
2014-2016
10 a 14 años
15 a 19 años
Total

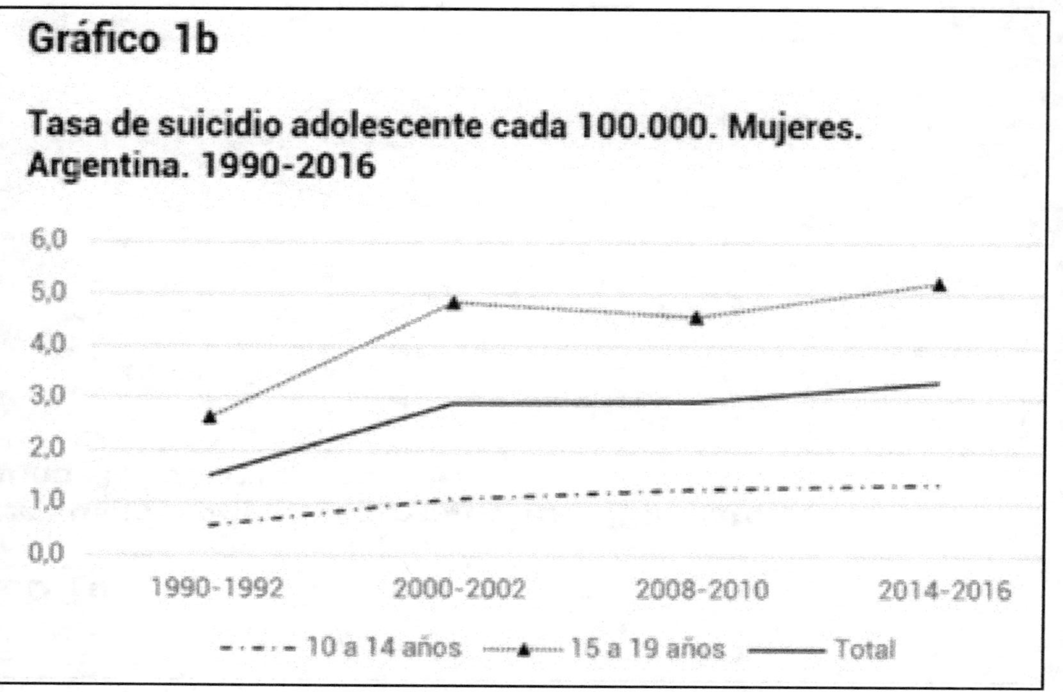

Gráfico 1b

**Tasa de suicidio adolescente cada 100.000. Mujeres.
Argentina. 1990-2016**

En los gráficos (UNICEF) se observan las tasas de suicido de los varones y las mujeres entre los años 1990 y 2016, según las edades. La mortalidad tuvo un importante aumento durante la crisis del 2001(Basile, 2015). En el período de 2008 a 2010, aparece en términos relativos un pequeño descenso en relación al anterior y un incremento desde 2014 al 2016. Cuando se analiza la tendencia a más largo plazo (1990 comparado a 2016), se observa un importante incremento de la mortalidad general, especialmente en la adulta.

Métodos suicidas

Las diferencias en las tasas de prevalencia según género, son más altas las referidas a suicidios concretados en varones y parasuicidios en mujeres, están muy relacionadas con los recursos empleados para matarse. Para el sexo masculino, los métodos mayormente empleados son los activos, como el ahorcamiento y dispararse (lo que supone mayor certeza de muerte); mientras que son menos cruentos para el sexo femenino, como los envenenamientos, corte de vasos sanguíneos, precipitación de un lugar alto, ahorcamientos o psicofármacos.

El método para cometer el suicidio también puede depender en gran medida de la influencia sociocultural y de las características geográficas ya que se puede relacionar con el acceso a distintos métodos como el mar, vía férrea, pesticidas en zonas agrícolas, puentes, carreteras de alta velocidad, edificios de altura, entre otros. UNICEF plantea que los métodos utilizados varían de acuerdo a los diferentes países.

No hay una explicación única de por qué se suicidan las personas. Muchos suicidios se cometen impulsivamente y, en tales circunstancias, el acceso fácil a medios tales como plaguicidas o armas de fuego pueden marcar la diferencia entre la vida o la muerte de una persona.

El *riesgo suicida* se clasifica según la letalidad del método en: **baja** (cortarse, quemarse, pegarse) para aliviar el dolor emocional; **mediana** (automutilación) y **alta** (veneno, disparo). Sin embargo, se debe considerar que puede pasar de la baja letalidad al intento de suicidio, cuando aumenta la frecuencia e intensidad, al no experimentar dolor físico al autolesionarse, cuando la autolesión no alivió el dolor emocional y al experimentan rechazo y exclusión del entorno.

Características de la prevención y posvención

La Ley 27.130 o Ley Nacional de Prevención del Suicidio fue sancionada en Argentina el 11 de marzo de 2015 y promulgada el 6 de abril del mismo año (hasta hoy, sin reglamentación). Tiene como objetivo la disminución de la incidencia y prevalencia del suicidio a través de la prevención, asistencia y posvención, que son las acciones destinadas a trabajar con el entorno de la persona que se quitó la vida para evitar nuevos eventos. La autoridad de aplicación es el Ministerio de Salud de la Nación que debe elaborar protocolos de atención y emergencia; crear un registro con información estadística sobre suicidios cometidos e intentos; desarrollar programas de capacitación, campañas y recomendaciones a los medios de comunicación para el abordaje responsable de las noticias vinculadas a estos actos.

El termino *posvención* fue acuñado por Edwin Sheidman en 1971 para referirse al apoyo que necesitaba quien intenta un suicidio y los familiares de quien se ha suicidado. Incluye actividades desarrolladas con sobrevivientes para facilitar su recuperación, en relación con la pérdida sufrida y para prevenir otras conductas suicidas en los allegados. Dependiendo de cómo los profesionales trabajen en el tema y sus secuelas, se podrá acentuar la prevención de otros suicidios, su desestigmatización o la recuperación de los allegados. Además de la tristeza, en el duelo existen sentimientos de incredulidad, rechazo, abandono y del cuestionamiento del porqué.

Las *estrategias de prevención* se pueden clasificar en:

- Universales: Son aquellas que se estiman para toda una población. Pueden procurar aumentar el acceso a la atención de salud, promover la salud mental, reducir el consumo nocivo de alcohol, limitar el acceso a los medios utilizables para suicidarse o promover una información responsable por parte de los medios de difusión.

- Selectivas: Se dirigen a grupos vulnerables, por ejemplo, quienes han padecido traumas o abuso, los afectados por conflictos o desastres, los presos, los refugiados y migrantes y los familiares de suicidas. Se realizan mediante "guardianes" adiestrados que ayudan a las personas vulnerables y mediante servicios de ayuda como los prestados por líneas telefónicas.

- Indicadas: Se dirigen a personas vulnerables específicas mediante el apoyo de la comunidad, el seguimiento a quienes salen de los establecimientos de salud, la capacitación del personal de salud y una mejor identificación de aquellos que padecen trastornos mentales y consumo problemático de sustancias.

Las comunidades desempeñan una función crucial en la prevención del suicidio. Pueden prestar apoyo social a los individuos vulnerables y ocuparse del seguimiento, luchar contra la estigmatización y apoyar a quienes han perdido a seres queridos que se han suicidado.

La prevención también puede desarrollarse fortaleciendo los factores protectores, como relaciones personales sólidas, un sistema personal de creencias y estrategias de afrontamiento positivas.

Intento de suicidio y comorbilidad psiquiátrica

Durante mucho tiempo, las conductas suicidas infantojuveniles fueron desestimadas y asociadas a malos comportamientos o expresiones reactivas frente a situaciones familiares conflictivas. Esta interpretación llevó a postergar la comprensión de los diferentes factores que intervienen en la salud mental de este grupo etario, entre ellos la influencia que tienen los trastornos mentales. Precisamente, uno de los hallazgos destacables es la elevada frecuencia de antecedentes psicopatológicos y trastornos mentales en curso en el grupo con intento de suicidio.

Las referencias bibliográficas expresan diferencias en las conductas suicidas entre los adolescentes menores de 15 años y los mayores de esa edad. Muestran que, en el grupo de los menores, las decisiones son más impulsivas y presentan una gran influencia las características familiares, a diferencia de los adolescentes mayores, en los que la presencia de trastornos mentales y consumo de sustancias adictivas tienen mayor importancia.

La presencia de trastornos mentales también es indicada como uno de los mayores predictores de intentos de suicidio, cuyo riesgo aumenta cuanto mayor es el número de diagnósticos psiquiátricos comórbidos. Los trastornos mentales más frecuentemente asociados con intentos suicidas son los trastornos del estado de ánimo, especialmente depresivos, bipolares, trastornos relacionados con sustancias, trastornos de la personalidad, de ansiedad y esquizofrenia, entre otros. Incluso, se afirmó que prácticamente todos los trastornos psiquiátricos tienen un riesgo suicida aumentado, exceptuando el retraso mental y la demencia.

Los diagnósticos psiquiátricos con mayor porcentaje de presentación son los trastornos depresivos graves, con o sin síntomas psicóticos. Esto coincide con informes publicados por la OMS: "Informe Mundial sobre Violencia y Salud", en donde se reporta que *"la depresión desempeña una función destacada en el suicidio y se piensa que interviene en aproximadamente 65%-90% del total de suicidios relacionados con enfermedades psiquiátricas".*

Varios estudios han revelado que hasta 80% de las personas que se suicidaron tenían varios síntomas depresivos, lo cual coincide con otro estudio sobre intentos de suicidio en niños y adolescentes, en donde el 91.7% son los trastornos depresivos mayores los más frecuentes. La depresión estaría presente en aproximadamente 1% de los niños y 5% de los adolescentes en un momento dado. Se considera que más de un 50% de los adolescentes que se suicidan sufren depresión mayor y, de estos, un 25% hace un intento de suicidio en algún momento de su vida y un 15% finalmente se suicida.

En pacientes con trastorno depresivo mayor, la probabilidad de realizar intento suicida se estima que es aproximadamente el doble entre los que tienen baja adherencia. Otros estudios reportaron que, en comparación con los hombres, las mujeres son más propensas a realizar consultas médicas con especialistas de salud mental, aunque un estudio más reciente halló que si bien los hombres eran menos propensos que las mujeres a percibir la necesidad de tratamiento, no obstante, tenían la misma probabilidad de aceptar recibir tratamiento de salud mental. Por otra parte, se reportó que, entre pacientes psiquiátricos, los de 21-30 años de edad se caracterizan por mayor cumplimiento terapéutico.

De acuerdo con la OMS alrededor de 800 personas se suicidan diariamente en todo el mundo a causa de la depresión.

Otros antecedentes psicopatológicos detectados, como el consumo de sustancias (alcohol y marihuana), la violencia intrafamiliar y el abuso sexual, también representan cuadros clínicos de importancia. Se observa una mayor gravedad en los cuadros clínicos que se asocian a las conductas suicidas infantojuveniles en las últimas décadas, y un aumento de la prevalencia de psicopatologías en edades más tempranas de la vida.

Los trastornos de personalidad se asocian con una prevalencia del 25% de intentos de suicidio, siendo los más importantes: el trastorno límite de la personalidad, trastorno antisocial, histriónico y narcisista. Los trastornos de conducta alimentaria, junto con la depresión, se asocian a un riesgo de suicidio 20 veces mayor.

Las emociones intensas se estructuran como reacción a situaciones permanentes de estrés crónico y traumas, que interactúan con predisposiciones o características de personalidad, estrategias inadecuadas para afrontar tales situaciones estresantes, así como con relaciones interpersonales insatisfactorias. La desesperanza es uno de los estados fenomenológicos asociados con comportamientos suicidas. Casi un tercio de adultos jóvenes que completaron suicidio dejaron notas en las que expresaban sentimientos de fracaso por no poder lograr metas que se habían propuesto. El fracaso puede ser vivido por los adolescentes y jóvenes con mucha humillación; la desesperanza y el sentirse humillado originan deseos de abandonarlo todo, abatimiento, apatía y tendencias agresivas muy comunes en sujetos con ideaciones e intentos suicidas.

Otros estados afectivos hacen referencia a sentimientos de vergüenza, soledad, ser muy diferente al resto, aislamiento. Comportamientos e ideaciones suicidas están positivamente correlacionados con sentimientos de culpa entre los adolescentes que cometieron suicidio.

La experiencia fenomenológica de pérdida del autocontrol asociada a ideaciones suicidas incluye: sentimientos de rabia, hostilidad, irritabilidad, ansiedad y labilidad afectiva. El odio intenso a sí mismo y los demás es una de las mayores experiencias subjetivas presente en todo comportamiento suicida.

Alteraciones funcionales, cognitivas y anatómicas

Las neurociencias cognitivas relacionan la hipofunción de la corteza prefrontal con las alteraciones en el control de la conducta, lo que puede verse relacionado con estas conductas suicidas, en la toma de decisiones y en la capacidad para elaborar respuestas adaptativas ante situaciones desfavorables.

Se considera que muchos trastornos psiquiátricos, incluidos los trastornos del humor y el abuso de drogas, son consecuencia del deterioro de algunos aspectos de la capacidad en la toma de decisiones. La disfuncionalidad del hipocampo y en la sustancia blanca se relacionan con la depresión y, en el último caso, impide la resolución de problemas y la búsqueda de opciones alternativas

También se sabe que la hiperactividad de la amígdala aumenta la agresividad y la impulsividad, lo que puede favorecer el suicidio, y las anormalidades en su estructura alterarían los grados de ansiedad, agresión y la reacción adecuada en situaciones de peligro. En cuanto a los biomarcadores, se ha encontrado relación con el colesterol y los ácidos grasos poliinsaturados, en rasgos de personalidad impulsiva o agresiva de los suicidas. La relación entre el suicidio y las enfermedades orgánicas es significativa: enfermedades como cáncer de mama o páncreas, epilepsia, entre otras, se asocian a trastornos del ánimo.

Prevención y tratamiento

La neuropsicología es una muy buena herramienta de evaluación y cálculo del nivel de riesgo de conductas autoagresivas. Usando la evaluación neuropsicológica: técnicas de screening, biomarcadores, etc. se podría identificar y tratar precozmente a personas con ideas, planes o conductas suicidas. Además, se podría realizar un tratamiento urgente a las personas que han llevado a cabo conductas suicidas fallidas. El tratamiento ideal comprende un abordaje farmacológico a la vez que psicoterapia. Para prevenir la conducta suicida debe involucrar a los profesionales de la salud pública y a quienes se relacionan más con los pacientes como los familiares, maestros y amigos.

Caso clínico: Adolescente

Oliver Sacks, el amado y odiado neurólogo, químico y escritor, consideró que su estilo literario surge de la usanza de "anécdotas clínicas" del siglo XIX, que incluye detalladas historias de casos. Se encuentran entre sus fuentes de inspiración las historias clínicas del neuropsicólogo ruso Alexandre Lúriya (conocido como Alexander Luria). Así como Sacks describió sus casos concentrándose en las experiencias del paciente, queremos contar además de la experiencia de Rodríguez, en el capítulo 1, el presente caso clínico:

Una joven de 14 años fue llevada al servicio de urgencias psiquiátricas de un hospital público para evaluar una crisis de angustia. Durante la entrevista con los médicos, se mostró tímida y tranquila. Presentaba cortes superficiales en los brazos (alrededor de 50). La joven menciona que había estado cortándose durante un año. Pero hacía un mes, había hablado con sus padres sobre las autolesiones.

Al interrogarla, la joven negó uso de tóxicos o alcohol y no existían signos de intoxicación.

A pesar de los síntomas, su funcionamiento no se veía afectado: llevaba bien el colegio, era madura para su edad y afirmaba cortarse para aliviar tensiones y evitar sentimientos de soledad. Describió "bajones" en su estado de ánimo que parecían estar desencadenados por situaciones estresantes y no dormía bien.

No ha intentado suicidarse previamente, sin embargo, en un momento de la entrevista, confesó tener pensamientos de suicidio con un incremento reciente en frecuencia e intensidad de los cortes y estaba sufriendo "bullying" en la escuela.

Sus padres se muestran continentes durante la consulta, pero ambos refieren que no comparten tiempo con su hija debido a que trabajan y por eso la mandan a una escuela doble turno.

En la historia familiar existían antecedentes de depresión por la línea materna y su padre había realizado tratamiento psicológico alguna vez.

Fue diagnosticada de autolesiones deliberadas y depresión mayor. El riesgo de suicidio se evaluó como bajo y fue dada de alta. Se indicó que volviera a la casa con pautas de alarma y al cuidado de los adultos.

La joven volvió al servicio de urgencias seis días más tarde en una consulta en la que reveló: ideas suicidas, estar cansada y querer "darse por vencida". La ideación era vaga y negó tener un plan. En un momento dado reveló que un buen amigo suyo había fallecido por suicidio consumado el día anterior. "Mi amigo siempre estaba sonriendo y nadie sabía nada porque nunca hablaba con nadie, así es como soy yo".

Posteriormente, la paciente fue ingresada voluntariamente en la unidad de psiquiatría de adolescentes dado el elevado riesgo de suicidio. Fue medicada y permaneció internada durante un mes hasta el alta. Luego continuó con tratamiento por salud mental (psiquiatría y psicología) por consultorios externos.

Esta frase textual reveló que un buen amigo suyo había fallecido por suicidio consumado el día anterior: "Mi amigo siempre estaba sonriendo y nadie sabía nada, porque nunca hablaba con nadie, así es como soy yo", manifiesta identificación. Es que la ilusión de hacer lo que hizo otro u otra a quien amaba, admiraba o pensaba como yo, es también una ideación. Volver a ver a un ser querido que se extraña. Pensar en que no soy útil en esta sociedad o en este tiempo. El pensamiento suele ser: si esa persona tan linda, inteligente, perfecta, admirable, lo hizo, seguro que es lo mejor.

En un testimonio posterior al intento de suicidio, una joven dijo que llegó a pensar que era un error de Dios haberla hecho nacer. Además, ella no creía ser "útil" para este tiempo ni para este mundo.

Ante la imposibilidad de cualquier tipo, por ejemplo, no ser exitoso en lo que desea, la persona "prueba" con el suicidio, pero si no lo logra, la angustia y la autorecriminación aumentan para bajar más aún la autoestima y el autoconcepto personal.

Capítulo 4

PASTORAL DEL SUICIDIO

*"Cuando alguien se quita la vida, deja en
la familia y los amigos hondas cicatrices
emocionales y provoca sentimientos de
soledad, culpabilidad y desorientación."*
Dr. Ángel Manuel Rodríguez

En el año 2015 me pidieron realizar un taller sobre suicidio y cómo debía actuar un líder cristiano. El tema me pareció poco actual ya que en esos tiempos se hablaba de temas más candentes.

Grande fue mi sorpresa, al hacer una breve encuesta, de lo poco preparados que estábamos en relación a ese tema ¿Acaso en nuestras iglesias estamos exentos de que alguien se quite la vida? ¿Estamos preparados para afrontar esa situación?

Todo líder cristiano debería tener las herramientas mínimas para colaborar con el crecimiento espiritual de sus hermanos en Cristo. Estas deben ser no solo espirituales sino humanísticas; aunque no nos guste usar esa palabra ni comparar conceptos. Entre esas herramientas está el conocimiento acerca del suicido. Es imprescindible entender la diferencia en los relatos de personas que oyen la voz de Dios, la voz del diablo o voces y pensamientos alucinatorios, típicos de algunos de los tipos de la esquizofrenia.

Suicidio es la acción de quitarse uno a sí mismo la vida. Es una acción voluntaria y premeditada. Pero ¿Qué más preciado que la vida misma? ¿Qué cosa más grande podemos tener que la vida? Sobre todo, si lo enmarcamos en el contexto cristiano donde Dios es por naturaleza vida. Él es vida y es el dador de la vida. Se vence a la muerte, dando vida. Dentro de la vida, nuestra vida, está todo: las relaciones, el conocimiento, nuestras posesiones, la familia, el destino, el origen. Sacando la vida no hay nada. Cuando comenzó a correr el reloj de los tiempos la vida estaba presente, ya que fue un ser vivo, Dios mismo, quien lo puso en marcha.

El suicida no anhela matarse; pretende matar la situación que lo aqueja. Por instinto todos los seres humanos queremos vivir y sobrevivir; por eso el instinto de supervivencia es intrínseco al hombre. Sin embargo, puede haber causas que faciliten el pensamiento suicida, esto es, el querer deshacerse de la situación que se lleva dentro.

El quitarse la vida a uno mismo es una acción voluntaria porque es lo que se quiere, se desea como propuesta interna de solución. Existen tres niveles en la premeditación:

- Al principio es la consideración de la factibilidad: *¡Yo tendría que matarme!* O *"Si me muero dejo de existir y se solucionan todos los problemas"*. En otras palabras, desaparece la angustia.

- Como segunda etapa está la evaluación de pros y contras del acto mismo: *"Si me muero desaparecen mis problemas, pero dejo esposa y un hijo...pero dejo de sufrir"*.

- Posteriormente a rumiar este tipo de pensamiento y como tercera etapa, está la toma de decisión. Esta decisión puede desencadenar en un suicidio frustrado, esto es la acción de suicidio que no consiguió su finalidad, teniendo o no, una auténtica intención de llegar a él.

Toda tentativa de suicidio es una demanda, un aviso. Un clamor interno pidiendo atención, ayuda. Por otro lado, el suicidio consumado es el intento con éxito. Sea cual fuere, siempre es la expresión de auténticos deseos internos.

La Biblia en sí misma es vida. Habla sobre el Autor de la vida. De Aquel que hizo de la nada misma un algo; quien le dio identidad y sentido. Cuando Dios crea lo hace por y para algo. Porque puede, porque es Dios; porque es el único Creador, con todo lo que ello significa. *"Sólo tú eres el Señor. Tú hiciste los cielos, los cielos de los cielos con todo su ejército, la tierra y todo lo que en ella hay, los mares y todo lo que en ellos hay. Tú das vida a todos ellos y el ejército de los cielos se postra ante ti."* Nehemías 9:6. Tan simple y maravillosamente como para Su gloria. La Biblia entera habla de las maravillas de Dios en el plano material, en el espiritual y el emocional.

Luego, al crear a la humanidad está coronando de sentido a la creación. Si bien ésta habla por sí misma de la grandeza y omnipotencia divinas. *"...los cielos proclaman la gloria de Dios"* Salmo 19:1. Su deidad es tan inmensa *"Grande es el Señor, y digno de toda alabanza; su grandeza excede nuestro entendimiento".* Salmos 145:3. Dios es quien idea seres a su imagen y su semejanza para que le adoren. *"Todos los llamados de mi nombre; para gloria mía los he creado, los formé y los hice".* Isaías 43: 7

Pero ¿Qué relevancia tiene que la humanidad haya sido creada a la "imagen de Dios"? ¿Acaso tenemos que pensar en un Dios con cabeza, brazos y torso? Dios brindó a la humanidad de las características básicas de Dios. Reservó para él: la omnipotencia, la omnipresencia, virtudes únicas de Dios y que nos distingue de su deidad, pero reflejó algunas características, como el intelecto, las emociones y la voluntad. Podemos ver esto en la Biblia misma; Dios en varias oportunidades es retratado estando triste, doliente, furioso o contento con un similar abanico emocional que los humanos experimentamos. Nosotros hacemos elecciones y tomamos decisiones a diario. Inventamos, disfrutamos y sentimos. Debido a esta capacidad de decidir es que la humanidad decidió por la desobediencia. Y como toda desobediencia, acarrea consecuencias (Génesis 3:6-24)

Desde el comienzo el propósito de Dios fue el bien, la vida. Sin embargo, ese plan perfecto se vio truncado por la caída del ser humano en desobediencia. Dios no se cruza de brazos y se declara vencido, sino que su naturaleza de amor hace que constantemente impulse a la humanidad hacia él. Si leemos la Biblia completa nos daremos cuenta que todo lo que allí se relata es un gran acto de amor. De principio a fin. Y que termina con el triunfo de Dios, con el triunfo de la vida.

Siendo que la Biblia habla del autor de la vida y transmite vida ¿Cómo puede ser que encontremos relatos de muerte en sus páginas? Peor aún, ¿Cómo puede ser que encontremos suicidios? Esto es porque la Biblia cuenta historias de personas, no solamente del autor de la vida sino de gente, de seres humanos que siente, sufren, se sobreponen. Y de otros que no lo logran.

Hemos visto que los humanos fuimos provistos de algunas características de Dios a su imagen. La voluntad, ese motor interno con el cual contamos para decidir libremente qué deseamos y qué no. La motivación es una fuerza interna en movimiento, es el impulso mental interno que nos provee de la fuerza necesaria para iniciar la ejecución de una acción con el fin de alcanzar un determinado logro.

Cuando leemos en la palabra de Dios que hubo personas que se suicidaron, nos produce una rara sensación. El libro de la victoria, contándonos derrotas. Podemos leer de guerras, de conquistas, de traiciones, de asesinatos… ¡pero leer de un suicidio! Si lo vemos desde la arista histórica podemos sacar enseñanzas. Ahora, si lo vemos desde el lado teológicoespiritual, nos llenamos de preguntas, muchas sin respuestas. Es por eso que este libro está destinado a líderes, pastores y padres, porque son temas necesarios de hablar y de tener una postura ética y moral ya reflexionada, a fin de dar a la iglesia toda una mirada acertada.

Casos de suicidios en la Biblia

La Biblia en sí misma es vida que contrasta con la muerte en todos sus sentidos. Sin embargo, podemos encontrar muchas muertes, y aunque parezca extraño, casos de personas que se quitaron la vida. Tengamos en cuenta siempre el contexto histórico y social del momento.

La Biblia es un compendio de libros con diferentes estilos literarios: poéticos, proféticos e históricos. Leer cada pasaje fuera del contexto puede ser un pretexto para cualquier hipótesis. Es así que los casos que vamos a exponer debemos entenderlos en el contexto histórico-social-familiar-cultural del suceso, además de la personalidad de cada personaje involucrado.

En primer lugar, la mayor parte de estos suicidios mencionados en la Biblia, ocurrió durante una guerra, y el quitarse la vida era resultado del temor o la vergüenza. Era común en aquellos altos funcionarios que, en tiempos de guerra, al ver su batalla perdida, a su ejército diezmado, se quitasen la vida. Esto se realizaba para evitar darle al enemigo el derecho sobre su vida. También actuaba el miedo a ser torturado por venganza y la vergüenza de ver mancillado su nombre frente a la derrota.

En segundo lugar, los otros casos son más personales y reflejan, además del temor, una baja estima propia. En cada incidente, el individuo se encontraba en un estado mental altamente emotivo. Cada suicida tiene una manera diferente de cometer el acto. Esto está relacionado con su estado mental, con la situación específica que lo impulsa a cometerlo, el entorno, su autoestima, sus valores morales, sus modelos mentales y muchas cuestiones más.

En tercer lugar, la Biblia menciona los suicidios sin emitir juicio sobre la moralidad de la acción. Esto no significa que el suicidio sea moralmente correcto; el autor bíblico está simplemente narrando lo ocurrido. En ninguno de estos casos se hace una valorización moral del suicidio, simplemente se cuenta la historia.

Giles escribió que: "En ninguna parte de la Biblia hay una prohibición directa relacionada con el suicidio, excepto el sexto mandamiento". El impacto moral del suicidio puede evaluarse mediante una comprensión bíblica de la vida humana: Dios la creó, y no somos dueños de ella como para usarla y descartarla como nos plazca. El sexto mandamiento ("No matarás." Éxodo 20:13) también tiene algo que decir sobre el tema. Por lo tanto, un cristiano no debe considerar el suicidio como solución moralmente válida al dilema de vivir en un mundo donde se experimenta dolor físico y emocional.

Abimelec: Pide a su escudero que le quite la vida (Jueces 9:50-56)

Abimelec (Jueces 9:50-56). Hijo de Jerobaal (Gedeón), su vida entera estuvo dedicada, al morir su padre, a tomar el trono del reinado de Siquem. Lo hizo por cuanto medio encontró al punto de matar a cualquier otro posible sucesor incluidos sus propios hermanos. Luego de esto, se coronó rey.

El significado del nombre Abimelec; significa *"mi padre es rey"* o *"padre de un rey"*. Más que un nombre era un título. Algo que lo definía.

Abimelec peleó en muchísimas batallas siendo vencedor en la gran mayoría. Arrasó y destruyó pueblos y traicionó al suyo propio. Era impío y violento. Devastó ciudades dejando sin vida a todos sus habitantes. Un verdadero luchador. Como soldado, admirable. Parecía que nada ni nadie iba a detener su determinación. Sin embargo, algo pasó, después de haber esquivado innumerables golpes de espada y lanzas y cientos de maneras posibles de morir tanto en el campo de batalla como a manos de algún justiciero, le sucede algo insólito.   Algo inesperado, hasta un tanto ridículo. Un suceso que hería no solo su cráneo sino su virilidad, su imagen. Una mujer deja caer una rueda de molino sobre su cabeza hiriéndolo de muerte. Esto no lo pudo soportar; no pudo tolerar lo que se iría a decir de él. ¿Qué pensaría su ejército? Encima ¡morir por manos de una mujer! Es ahí donde pide a su escudero que lo atraviese provocándole la muerte. (Jueces 9:54)

El de Abimelec, es un suicidio asistido ya que no lo hizo él directamente, sino que pidió a alguien que lo realice. Podemos decir que es un acto de eutanasia, existiendo dos tipos: por un lado, está la eutanasia directa que es cuando la acciones que se realizan sobre el sufriente tiene la intencionalidad de provocar su muerte. Por otro lado, tenemos la eutanasia indirecta, siendo esta cuando no se tiene como intención acortar la vida de la persona sino aliviar su sufrimiento. El caso de Abimelec no hubo un sufrimiento físico, sino que su aflicción era anímica.

Saúl: Se echó sobre su espada (1 Crónicas 10:4)

Caso diferente es el de Saúl. Mientras al de Abimelec podemos denominarlo un suicidio asistido, Saúl provoca su propio deceso debido a que su escudero no quiere hacerlo. (1 Samuel 31:1-6)

"Saúl", significa "deseado o implorado". Era hijo de Cis, de la tribu de Benjamín. Era de una familia de buen pasar (1 Samuel 9:1) y de buen aspecto: *"entre los hijos de Israel no había otro más hermoso que él; de hombros arriba sobrepasaba a cualquiera del pueblo" (1 Samuel 9:2)*. Según 1 Samuel 10:1 era el escogido por Dios para dirigir la nación de Israel que en ese momento estaba dispersa. A pesar de esto, errores cometidos uno tras otro dan comienzo a la caída de su reinado (el primero es ofrecer un holocausto no autorizado (1 Samuel 13:9-14) Luego, no se deshizo de todos los amalecitas y sus animales de acuerdo a la orden de Dios (1 Samuel 15:3). Sin bastarle eso, no hace caso a una orden directa de Dios y decide perdonar la vida del rey Agag y a algunos de los mejores animales. Luego intentó encubrir su pecado mintiéndole a Samuel, y en definitiva a Dios también (1 Samuel 15). Entonces Dios aparta su Espíritu de Saúl (1 Samuel 16:14). ¿Acaso Saúl empezó a confiar en sí mismo? ¿Creyó poder más que Dios?

Por más que a Saúl se le haya permitido servir como rey el resto de su vida, estaba atormentado por un espíritu malo que le provocaba raptos de locura (1 Samuel 16:14-23). Saúl pasó de la gloria, a experimentar una depresión maníaca los últimos años de su vida. Estos años tuvieron como consecuencia un enorme deterioro en su servicio al pueblo de Israel y en su destino a nivel personal ya que su atención estuvo puesta en la destrucción tratando de matar a David en vez de consolidar los logros de sus innegables victorias obtenidas.

La historia nos cuenta que, por sus malas decisiones, su infidelidad y su desobediencia a Dios (1 Crónicas 10:13), al ver el desastre al que había llevado a su pueblo y a su misma familia, se quita la vida arrojándose sobre su espada. (1 Crónicas 10:4). ¡Ese peso es demasiado grande para una persona! Saber que toda una nación es desolada y su familia destruida. Era común en esa época, cuando un soldado de alto rango veía comprometida su victoria en batalla, quitarse la vida. El objetivo era preferir morir por sus propias manos, como acto de coraje, antes que ser muerto a manos del enemigo ya que esto no le daba derecho a decir *"tal murió por nuestras manos"*. Como el dicho: *Antes muerto que perder la vida*. Saúl estaba herido y no podía darse el lujo que los enemigos lo derroten. Ante la desesperación tomó la decisión sin titubear matándose con su propia espada. Hubo determinación.

Ahitofel se ahorcó (2 Samuel 17:23)

La historia de este personaje es poco conocida y no por eso deja de ser interesante. Dice 2 Samuel 15:12 que cuando Absalón, el hijo del rey David se subleva contra su padre, decide darle un golpe de estado; éste busca un consejero, Ahitofel. Viendo un poco de historia, Ahitofel pasa de estar del lado de David a preferir a Absalón, traicionado a su rey. ¿Por qué hace eso? por un problema familiar. Ahitofel era el abuelo de Betsabé; David había abusado de su autoridad al acostarse con a Betsabé y además mató a Urías, su marido.

Bajo estas circunstancias es fácil pensar que Ahitofel viera aquí una oportunidad de venganza hacia David. Veamos por caso el consejo que Ahitofel le da a Absalón (2 Samuel 16:21) de llegarse a las concubinas de su padre ante la mirada de todo el pueblo. Hay despecho, consejos fundamentados en la ira.

Pronto, de la misma forma que Ahitofel traicionó a David, él mismo fue traicionado por Absalón. Como David del ejército de Absalón, el consejo de Ahitofel fue matarlo (2 Samuel 17). No conforme, Absalón busca otro consejero eligiendo a un hombre llamado Husai, que era amigo de David (2 Samuel 15:31-37). Así se frustra el consejo de Ahitofel.

¿Qué pasaba aquí? Las respuestas que daba Ahitofel a cada consulta que se le hacía era como si Dios mismo respondiera. Su palabra pesaba ¡era la palabra de Dios mismo! Cuando Absalón escucha a Husai, deja de lado a Ahitofel. Dice 2 Samuel 17:23 que Ahitofel fue y se ahorcó porque no se había seguido su consejo.

Notamos dos cosas en la vida de este hombre, por un lado, vivió una vida desleal y absorbida por la traición; su motivación de vivir era la venganza y eso terminó consumiéndole. No se dedicó a vivir, sino a quitar la vida, no dándose cuenta que, lentamente, se estaba quitando la suya.

Por otro lado, cuando Ahitofel se sintió rechazado, reaccionó guardando silencio. Su arma era la palabra y una palabra que aparentaba que provenía de Dios. Al verse reemplazado, su consejo ya no tenía poder, quedó al descubierto, sin su arma.

Personas como Ahitofel no hablan cuando se sienten contrariados; simplemente se recluyen, autoaniquilándose. ¿Por qué se quitó la vida? En ese contexto, sabía que David quedaría con vida y que de todas maneras iba a morir, seguramente por mano de David. Se sintió acorralado.

Ahitofel no pudo resolver los conflictos de su corazón ni de su entorno. El mismo firmó y ejecutó su propia sentencia de muerte. Este es el fin de su historia: *"Viendo Ahitofel que no habían seguido su consejo, aparejó su asno, se levantó y fue a su casa, a su ciudad, puso en orden su casa y se ahorcó. Así murió, y fue sepultado en la tumba de su padre"*.

Zimri se quemó (1 Reyes 16:18,19)

La historia de Zimri es corta y un tanto extraña. Este fue el quinto rey de Israel. Había sido un oficial al servicio de un rey llamado Elá. Zimri, en estado de embriaguez, mató a Elá y a toda su familia. Luego se apoderó del reinado por tan solo siete días. El pueblo eligió otro rey, Omrí. Zimri al enterarse de esto, ingresa al palacio real y lo prende fuego con él adentro, muriendo.

Por el tipo de suicidio de Zimri, podemos decir que fue del tipo fatalista. Esto pasa en personas que se sienten oprimidas por un grupo o por la sociedad en una situación concreta. Zimri había tomado el reinado de manera ilegítima y sus manos estaban manchadas de sangre. Por esa causa, cuando el grupo frustra sus sueños no encuentra sentido a su vida y decide terminarla.

Sansón se quitó la vida junto a los filisteos (Jueces 16.23-31)

Sansón se quitó la vida al derribar el templo sobre sí mismo, y sobre los filisteos que estaban reunidos allí.

El nacimiento de Sansón fue anunciado por un ángel cuando los israelitas, estaban bajo el control y dominio de los Filisteos. El ángel del Señor le dijo a la mamá de Sansón: *concebirás y darás a luz un hijo; desde ahora no beberás vino ni licor, ni comerás cosa inmunda, porque el niño será nazareo para Dios desde el seno materno hasta el día de su muerte.*

Un nazareo era en Israel una persona consagrada, elegida, apartada para servir a Dios, por tanto, se abstenían de vino, se dejaban el pelo largo y se entregaban a la causa de Dios como soldados de una guerra santa. Dios le dio a Sansón mucha fuerza, esa sería la herramienta que Sansón usaría para hacer la tarea que Dios le encargaba para librar al su pueblo, Israel.

Sansón empezó a desviarse de las indicaciones dadas por Dios, con mujeres. Durante su ceremonia de matrimonio con una mujer Filistea de Timnat fue humillado, matando a treinta filisteos. Después de esto, Sansón se enamora de Dalila, otra filistea; al enterarse de esto los príncipes y líderes de filistea vieron una gran oportunidad. Fueron a ella para persuadirla de que convenciera a Sansón para que revelara cual era la fuente de su fuerza sobrenatural, a cambio de monedas de plata.

La historia nos cuenta que Dalila accede al trato preparándole una cena a Sansón y preguntándole con insistencia como podría hacerse débil. Sansón responde que si era atado con siete cuerdas frescas perdería toda su fuerza, siendo como cualquier otro hombre. Al dormirse los filisteos lo atan con siete cuerdas frescas y Dalila lo despierta diciendo que los filisteos estaban rodeándole. Sansón se despierta y acaba con los filisteos. Esto se repite varias veces, Dalila intenta en numerosas oportunidades conocer el secreto de Sansón, pero él continúa mintiendo. Dalila llora diciendo que él no la amaba pues no compartía con ella sus secretos, así logra que revele toda la verdad a su esposa Dalila.

¿Qué le cuenta? Que, desde pequeño, no debía pasar navaja sobre su cabeza (Números 6:3-8), algo ordenado por el ángel de Dios a sus padres. Si no obedeciere el Señor se apartaría de Sansón y perdería toda la fuerza que tenía.

Todos sabemos cómo continúa la historia. Al caer la noche Dalila hace que Sansón se duerma en sus piernas y le corta el cabello; llegan los filisteos, amarran a Sansón, y le sacan los ojos. Lo llevan preso a Gaza donde lo hacen bufón para entretener a los filisteos. Miles de filisteos y sus príncipes se reúnen para ver al cautivo Sansón y burlarse de él. Sin ojos, sin cabello, sin fuerza.

El cabello de Sansón volvió a crecer y mientras estaba en un edificio se apoyó sobre dos columnas que sostenían al edificio principal y orando a Dios pidió que sus fuerzas regresaran solo una vez más y con toda su fuerza derriba las columnas. Al caer el templo no sólo muere Sansón, sino miles de filisteos y sus príncipes.

El caso de este personaje podemos decir que es un suicidio altruista. Él realiza este acto por varias razones: por un lado, por venganza (Jueces 16:28), por otro la demostración de que seguía siendo Sansón, el fuerte. Pero, por otro lado, es interesante la frase que promulga segundos antes de derribar el edificio: *dijo Sansón: ¡Muera yo con los filisteos!* ¿Acaso no podría haberse desatado y derribar las columnas matando a todos quedando él a salvo? *"Muera yo...!"* da la sensación que el mensaje es: se terminó todo para mí, pero para ustedes también. Algo así como: caigo yo y caemos todos.

Pero ¿Acaso el suicidio altruista deja de ser suicidio al fin? ¿Acaso está mal anteponer la vida de otro a la nuestra? Podríamos suponer que la diferencia radica en que la persona que arriesga su vida por otra no tiene la intencionalidad de "auto matarse", sino de salvar al otro. El caso de Sansón es diferente. El realiza los dos actos al mismo tiempo: a la vez que se mataba a sí mismo, mataba a los filisteos liberando a su pueblo.

Judas se ahorcó (Mateo 27.3-5)

Judas es un personaje bíblico famoso no solo por su traición sino por haber cometido suicidio. Sin embargo, no podemos observar las actitudes de Judas sin conocer su trasfondo de vida. Si bien él fue escogido por Jesús junto a los demás discípulos, sus motivaciones eran muy diferentes. ¿Acaso en los relatos sobre sanidades y liberaciones de demonios hay alguna donde Judas haya intervenido directamente? Al nombrarlo, lo recordamos por la traición. Judas tuvo su corazón, su mente en otro propósito. Él quería un rey, un libertador. Judas queda en una situación incómoda autoprovocada. El grupo al que perteneció durante tres años se había desarmado, ya que Jesús estaba siendo enjuiciado. Aparte, ellos ya lo consideraban un traidor del Maestro. Este Maestro, al lado de quien estuvo constantemente, no podía ayudarle ya que estaba ¡en la situación que él mismo había provocado con su traición!

Si nos ponemos a analizar, Judas no traiciona a Jesús solamente cuando lo vende por treinta piezas de plata. Los años que estuvo con él lejos estuvieron de ser de aprendizaje ni santidad, sino que robaba de la bolsa donde se reunía para los pobres. (Juan 12:6). Lo de Judas era una vida de traición. Una vida constantemente mentirosa. Una doble vida. A cualquiera le provocaría tensión disimular delante del Maestro, pero Judas continuaba actuando como si nada.

Cuando Jesús es condenado, el juego de Judas llega a su fin. Las consecuencias están a la vista y no lo puede soportar. Es ahí donde quiere remediarlo ¿Acaso no tuvimos situaciones donde quisiéramos volver el tiempo atrás? Eso quiso hacer Judas. Deshacer sus acciones. Lanza las monedas, quiere devolverlas (Mateo 27:3-5). Curiosamente el elemento que lanza es el que codició y robó mientras estuvo con Jesús como símbolo de rechazo a lo que él mismo hacía. Así que ahora tenemos un Judas solitario. Sin sus once compañeros, sin Jesús a su lado, con los principales sacerdotes y a los ancianos desentendiéndose de la situación, sin las piezas de plata, sin el rey que él esperaba… ¡Es demasiado el dolor! ¡No lo soporta más! Está lleno de remordimiento, así que toma la decisión de deshacerse del sufrimiento que venía acarreando, quitándose la vida.

Judas no se suicida por inercia, impulsivamente. Su deceso es corolario del dolor que venía soportando. La manera, así como el elemento usado por una persona para suicidarse, nos dice mucho. Habla sobre la circunstancia que estaba atravesando el sujeto. En el caso de caso de Judas, no tomó una espada como Saúl. Se hizo de una soga, armó una horca, fue hasta un campo, trepó a un árbol y se ahorcó.

Por otra parte, el suicida con su acto comunica algo. Dice algo a su entorno. Por un lado, está la intencionalidad de deshacerse del problema que lo aqueja, pero por otro está el dar un mensaje. Judas se suicidó en soledad; así estaba y así se sentía: solo.

"Casi" es un suicidio

Si bien no podemos catalogarlo como suicidio, es interesante lo que sucede en Hechos 16:26-28 en el caso del carcelero del Apóstol Pablo. *"Tras el terremoto, el carcelero de Filipos creyó que los presos habían escapado e intentó suicidarse, pero Pablo lo convenció de que no lo hiciera"*

Este carcelero tiene una misión la cual se ve frustrada por una situación atípica. Al ver abiertas las celdas y siendo su responsabilidad el cuidado de los presos toma su espada para suicidarse. Aquí Pablo le dice que no se haga ningún mal, valorando la vida por encima de la responsabilidad. ¡Lo que haría era malo!

En Mateo 4,6, Satanás incitó a Jesús al suicidio: *"Entonces el diablo le llevó a la santa ciudad, y le puso sobre el pináculo del templo, y le dijo: Si eres Hijo de Dios, échate abajo; porque escrito está: A sus ángeles mandará acerca de ti, en sus manos te sostendrán, para que no tropieces con tu pie en una piedra. Jesús le dijo: Escrito está también: No tentarás al Señor tu Dios"*. Jesús vivió también la tentación de quitarse la vida al iniciar su misión en la tierra.

¿Qué mensaje deja a la iglesia cuando uno de sus miembros se suicida?

En nuestras iglesias tratamos con muchísimos temas. Últimamente, son los temas morales: la bendición y la prosperidad, el aborto, la ideología de género, la homosexualidad. Por supuesto, el bienestar y la vida; y eso no está mal, porque una de las bases del ser cristiano es estar bien.

Un estar bien integral, pues sólo teniendo paz con Dios podemos lograr el bienestar. Sin embargo, sólo hablamos de la muerte en los funerales. Parecería que muchos no quieren saber que es parte inevitable de la vida.

Otra de las razones por la que nos cuesta hablar sobre el suicidio es que existe la falsa idea de que hablar sobre el tema puede inducir a los oyentes a llevarlo a cabo. También porque existe el debate si el suicida es salvo. Un cristiano que se suicida, ¿pierde la salvación? Es ahí donde una vez más interviene la soberanía de Dios.

Literalmente no lo sabemos. No podemos dar una respuesta sin especular ni reconocer que este es otro de los motivos por lo cual no solemos hablar el tema: no llegar a un acuerdo porque no encontramos una respuesta definitiva en la Biblia. Hay argumentos filosóficos, históricos que nos pueden llevar a un debate interminable. Podemos también encontrar innumerables versículos sobre esperanza y la fe, pero ninguno literalmente que hable sobre la salvación posterior al suicidio.

Sea que el deceso se haya producido por enfermedad, de manera repentina o por longevidad, son situaciones en las que se junta la iglesia, los familiares y conocidos a despedir al fallecido. Se hace un recordatorio de la persona y sus cualidades, generalmente las positivas, una invitación a acercarse al Señor a los no creyentes y una reconciliación al que está alejado de Dios.

Pero ¿Qué pasa cuando ese deceso fue por suicidio? ¿Qué provoca en la congregación o en la comunidad? ¿Qué piensa el ministro cristiano? Dice Santiago 4:11-12 *Hermanos, no murmuréis los unos de los otros. El que murmura del hermano y juzga a su hermano, murmura de la ley y juzga a la ley; pero si tú juzgas a la ley, no eres hacedor de la ley, sino juez. Uno solo es el dador de la ley, que puede salvar y perder; pero tú, ¿Quién eres para que juzgues a otro?*

Es necesario por nuestra salud mental y el cuidado espiritual de los otros, no juzgar al que se quitó la vida ni a los que lo conocían. No sabemos qué pasaba dentro de él ni los procesos mentales que pudo estar transitando. La iglesia es un hospital de almas; allí llegan los lastimados, heridos, los casi muertos. Pero también están los que necesitan rehabilitación y cuidados psicológicos, desde los más graves hasta los más leves.

Entendemos que la iglesia en un crisol de condiciones humanas, con todas las facetas que ello implica; somos un grupo humano donde todo puede pasar. Creemos que, si predicamos un Cristo que salva y sana, esta salvación y sanación deben ser integrales. Sin embargo, asumámoslo, esas cosas pasan. Gracias a Dios no son habituales, pero debemos ser conscientes y estar preparados.

El suicidio de uno de los miembros de una comunidad de fe produce un replanteo tanto a nivel de esa microsociedad como a nivel individual, en lo espiritual de cada uno, a fin de mejorar, y eso es positivo. Como individuos, es natural preguntarse el *"cómo pudo haber pasado eso"*. Es allí donde nos confrontamos con lo no conocido: la mente del suicida. Por ello, no podemos juzgar, sólo de ser posible, ayudar a los cercanos.

Dice Santiago 1:27 *La religión pura y sin mancha delante de Dios nuestro Padre es ésta: atender a los huérfanos y a las viudas en sus aflicciones, y conservarse limpio de la corrupción del mundo.* Hoy se aplica en los casos que planteamos.

Como iglesia debemos entender que Dios es el autor y consumador de todas las cosas. Job 33:4 *El Espíritu de Dios me ha hecho, y el aliento del Todopoderoso me da vida.* Pero no podemos deslindar las responsabilidades que nos caben como comunidad de fe. Si vemos a una persona que ha dado señales de profunda tristeza, de amargura, de depresión, debemos intervenir. Nos anima Hechos 13:15 *Después de la lectura pública de la Ley y los Profetas, los presidentes de la sinagoga mandaron a decirles: "Hermanos, si tienen alguna palabra de ánimo para el pueblo, díganla*". La Palabra de Dios es viva y debe ponerse en movimiento. En ese momento se necesitaba la intervención de personas y su palabra de ánimo. La gente en nuestras iglesias necesita escuchar más que sermones; necesita oír que tenemos problemas cotidianos con sus soluciones.

¿Cómo debería actuar un líder o consejero cristiano?

Extendido está el concepto que en nuestras iglesias debe haber diferentes tipos de consejería: matrimonial, pastoral, para novios. La persona con tendencias suicidas necesita que se le hable correctamente a su situación; no dándole argumentos superficiales como *"todo va a estar bien"*, *"ya todo se va a solucionar"*, *"no es para tanto"* o el clásico *"vamos a orar y todo va a andar bien"*. El recurso de la oración puede alentar solo en el caso de que la persona atribulada sea la que derrame su corazón a Dios y tenga un encuentro con El. Por el contrario, si el líder o pastor ora por la persona solamente sin escucharla, perderá una valiosa oportunidad de ayudar.

Al atender a una persona que ha declarado su intención o creemos tiene rasgos suicidas, debemos callar y escuchar. Al oír a la persona, podremos darnos cuenta de la gravedad de la situación, sus motivaciones, las causas y cuan profundo es su dolor, así como la seriedad de sus intenciones. Es instintivo darle consejos. Esto está muy relacionado a la ansiedad que nos produce como consejeros, estar en una situación extrema.

Contar nuestra propia experiencia de vida, lamentablemente, no siempre sirve. Menos al principio donde el sufriente necesita ser escuchado. Quizá sí, para ser empático con la persona, decirle que intentamos entender su situación y sus pensamientos.

En estas situaciones el consejero puede tener la sensación de tener que llegar al éxito porque literalmente es un caso de vida o muerte. No buscar soluciones desde la desesperación o la ansiedad. Mantener la calma y la fe en Dios es sumamente importante.

2ª Corintios 4:8-9, "Que estamos atribulados en todo, mas no angustiados; en apuros, mas no desesperados; perseguidos, mas no desamparados; derribados, pero no destruidos".

Las maldiciones generacionales

La maldición generacional conlleva todo aquellos pecados y sus consecuencias que fueron heredados de padres, abuelos etc. Algunos creen que toda actividad pecaminosa, enfermedades, adicciones, son producto de una atadura espiritual por efecto de una herencia de nuestro linaje.

Deuteronomio 5:1-11 parece una sentencia definitiva donde se condenaba a los hijos sin esperanza por causa de los padres. No había salida, solo condenación. Si un hombre cometía un ilícito las consecuencias se verían por generaciones. Otro de los pasajes usados es Ezequiel 18:2 *Los padres comen las uvas agrias, y los hijos sienten el efecto en sus dientes.* ¡Somos esclavos de lo que hicieron nuestros antepasados!

Si un hombre cometió un crimen afecta a la familia, ya que sus hijos van a tener una mala imagen de él y queda sellado con esa característica. Si ese ilícito no es aislado sino recurrente, pasará a ser un estilo de vida que adquirirán sus hijos. No es una herencia espiritual sino consecuencia de lo que vieron los hijos de su padre.

Ezequiel 18:3-4 continúa: *"Vivo Yo, declara el Señor Dios, que no volverán a usar más este proverbio en Israel. Todas las almas son mías; tanto el alma del padre como el alma del hijo Mías son. El alma que peque, ésa morirá.* Dios corrige la idea de que los hijos serán víctimas de una sentencia irreversible por culpa de los padres.

¿Hay una maldición generacional en el suicidio? Creo que deberíamos ver la historia de la persona; seguramente encontraremos que alguno de sus familiares tuvo las mismas ideas o las consumó; posiblemente debido a la transmisión de condiciones genéticas entre generaciones por determinados rasgos de enfermedades físicas, las psicológicas y emocionales. Siete miembros de la familia del autor Ernest Hemingway se han suicidado, incluyendo a Ernest y su nieta, Margaux. Otra nieta de este, Mariel Hemingway, llegó a admitir que la que ellos llamaban "la maldición Hemingway" era la enfermedad mental.

No debemos confundir la muerte literal con el llamado del creyente a negarse a sí mismo, a tomar su cruz cada día, y seguir a Jesús (Lc. 9:23). Pablo nos llama a hacer morir lo terrenal en nosotros (Col. 3:5) y por medio del Espíritu a hacer morir las obras de la carne (Ro. 8:13). Pedro exhortaba a los creyente a que se abstengan *de los deseos carnales que batallan contra el alma"* (1 Ped. 2:11). Con todo esto, en Cristo somos nuevas criaturas y verdaderamente libres.

El problema no es un factor en especial: herencia, predisposición genética, malos hábitos aprendidos, maldición generacional, tendencias de personalidad, sesgos, rasgos o trastornos, crianza u otras cuestiones. Recordemos que las causas son multifactoriales. En Jesús podemos encontrar la sanidad de todas las enfermedades y dolencias.

Existe una disposición a ciertas debilidades funcionales; por ejemplo, a la depresión que, en algunos casos, podría desencadenar en suicidio. Por tanto, la búsqueda de la sanidad debe ser espiritual y además contar con un tratamiento psicológico que permita conocer los modos de reacción de cada persona y poder hacer los cambios necesarios y beneficiosos para su vida.

¿Qué actitud debiéramos asumir ante el suicidio de un ser amado?

En primer lugar, la psicología y la psiquiatría indican que el suicidio a menudo es resultado de una honda conmoción emocional o de desequilibrios químicos relacionados con un profundo estado de depresión y temor. Esto puede llevar a la persona que ha optado por el suicidio en estas circunstancias.

En segundo lugar, la perfecta justicia de Dios toma en cuenta la intensa perturbación que se produce en nuestras mentes agitadas. Él nos entiende mejor que ningún otro. Debemos colocar el futuro eterno de nuestros seres amados en sus manos amorosas.

En tercer lugar, con la ayuda de Dios, debemos aceptar que quienes intentan suicidarse necesitan auxilio profesional, que la mayoría no posee las condiciones de proporcionar.

Finalmente, si alguna vez te sientes tentado a poner fin a tu vida, recuerda que hay auxilio profesional disponible, medicamentos que pueden ayudarte a superar la depresión, amigos que te aman y que van a hacer todo lo que puedan para ayudarte y, sobre todo, un Dios que está dispuesto a obrar por medio de otras personas para darte apoyo mientras caminas por el valle de sombra de muerte (Salmos 23:4). ¡Nunca abandones la esperanza!

A nuestro alrededor

A lo largo de estos relatos una pregunta nos circunda: ¿Cómo podemos ver este tema desde la Biblia? La vida pertenece a Dios y, por lo tanto, Él es dueño tanto de darla como de quitarla. Luego de la creación misma le otorga al humano la administración de la creación y la oportunidad de reproducirse. El cristiano no debería considerar el suicidio como solución moralmente válida al dilema de vivir en un mundo donde se experimenta dolor físico y emocional, ya que esto está dentro de los cálculos de Dios: *En el mundo tendréis aflicción* (Juan 16:33).

Tenemos que entender que hay personas que pierden la razón de vivir, la esperanza, y entran en un estado depresivo que les lleva a buscar en la muerte un escape a sus dolorosas realidades que creen que no podrán tolerar.

Hace unos días, en consulta, estuve con un pastor quien me contó que estuvo profundamente deprimido, ya que tenía cerrada su iglesia por la cuarentena del coronavirus. De nada valían los consejos que le habían dado sus colaboradores ni las lecturas bíblicas de aliento; él continuaba en ese proceso. También tuve el honor de exponer en el Congreso Latinoamericano sobre La iglesia y la Paz Mental, donde se abordaban diferentes problemáticas inherentes a los ministros cristianos. Lamentablemente, pude confirmar la gran cantidad de pastores, músicos y ministros que no sólo pensaron en algún momento en quitarse la vida, sino que se encontraban en profundo estado de depresión. En muchos casos eran rasgos previos agravados por el estrés ministerial, la presión de la competencia relacionada con el iglecrecimiento y el poco o nulo equilibrio entre ministerio, economía, salud y relaciones familiares.

El ministro cristiano debe entender qué es lo que quisieran las personas al borde del suicidio. Considero que la persona con rasgos suicidas necesita ser escuchado. Que se sea discreto, que nos ocupemos y estemos dispuestos a tranquilizar, lo aceptemos y creamos en su relato y derivarlo a un psicólogo cristiano con urgencia.

Un pastor también podría suicidarse

Hace un año y a menos de 24 horas del día mundial de la Prevención del Suicidio, el pastor Jarrid Wilson, de 30 años, pidió oraciones mientras se preparaba para oficiar el funeral de una mujer cristiana que se había suicidado. Horas después del funeral el pastor tuiteó:

Amar a Jesús no siempre cura la depresión.

Amar a Jesús no siempre te libra de pensamientos suicidas

Amar a Jesús no siempre te cura del estrés post traumático

Amar a Jesús no te libera de la ansiedad

Pero eso no significa que JESÚS no nos ofrezca su compañía, consuelo

EL SIEMPRE ESTÁ

El pastor y su esposa estaban dedicados a pregonar la fe y esperanza para quienes sufrían de ansiedad, depresión y métodos de autodestrucción como las adicciones y el suicidio. Un año antes de suicidarse publicó en su blog su lucha contra su propia salud mental y que se oponía a la idea de que el suicidio condenara a la gente al infierno. Jarrid Wilson escribió varios libros, el último en 2017: *El amor es oxígeno: cómo Dios puede darte vida y cambiar tu mundo*

Solo por citar dos casos similares, californianos y contemporáneos, suicidios por enfermedad mental y depresión son Andrew Stoecklein de 30 y Jim Howard. Estos casos son de 2019; ya las estadísticas entre 1999 y 2017 en Estados Unidos mostraron un aumento del 33% y el décimo lugar de causa de muerte. El pastor y profesor universitario Dr. Joy O′Neal dijo que los pastores no son inmunes a las enfermedades mentales y que luchan con sus propias inseguridades y errores. Dijo además que las personas acuden a los pastores en busca de ayuda, pero los pastores, muchas veces, no tienen a quién recurrir cuando necesitan ayuda.

Hay una pregunta que nos hicimos más arriba y que es la que quizá ronda en la mente del lector desde que comenzó este libro. Es una pregunta que lleva al debate intenso y no tiene respuesta definitiva. Si un cristiano se suicida, ¿pierde la salvación? Una de las características de la salvación es que es personal ¿Acaso podemos garantizar que una persona es salva? Sólo si acepta a Jesús en su corazón y vive en santidad, pero, reconozcámoslo, es un camino de fe. De igual forma de que ningún ser humano puede responder plenamente si alguien va a ir al cielo, porque no tenemos un medidor de fe, tampoco podemos hacerlo con quien se suicidó. Si está salvo o perdido espiritualmente no depende de nuestra opinión ni juicio.

Si leemos las escrituras, podemos encontrar en 1 corintios 3:16 ¨*¿No sabéis que sois templo de Dios, y que el Espíritu de Dios mora en vosotros?*¨ Y aquí la sentencia: ¨*si* *alguno destruyere el templo de Dios, Dios le destruirá a él; porque el templo de Dios, el cual sois vosotros, santo es."*

Dios ama la vida. *El sopló en su nariz aliento de vida y fue el hombre un ser viviente.* Fue el aliento de Dios que lo convirtió en un ser vivo; al igual que otras formas de vida animal (el término *nefesh chay* se utiliza en Génesis 1:21 en relación a la creación de los animales). Sin embargo, sólo el hombre es un ser viviente a imagen de Dios (Génesis 1:26 y 26). *El hombre, según* Salmos. 8: 3- 5 es *poco menos que los ángeles.* Si en tanta estima puso al hombre, por supuesto va a oponerse a quien no valora su vida; sin embargo, esto no es concluyente para afirmar que el suicida no irá al cielo ya que sólo Dios, y a veces la persona que cometió tal acto, conocen las verdaderas razones y donde estuvo su corazón. Es Dios y su justicia quien tomará en cuenta el disturbio emocional que se produce en la mente del suicida. Él nos conoce y nos comprende hasta más que nosotros mismos.

Al desconocer la respuesta final a esta pregunta es que no debemos siquiera pensar en la posibilidad del suicidio como solución de un sufrimiento. Qué mejor que honrar la vida si estamos en equilibrio emocional. Si el pensamiento ronda y no tenemos la capacidad de elaborarlo y descartarlo, necesitamos sanidad mental y debemos recurrir a un especialista.

La depresión que lleva al suicidio necesita de 3 ingredientes:

1. Una situación que se torna impredecible
2. No poder controlar la situación
3. Creerse incapaz ante la situación difícil

Proverbios 24,10, en estas versiones se refiere a la fortaleza mental, esa con la que se toma decisiones acertadas y asertivas.

- *Si te desanimas cuando estás en medio de muchos problemas, es que no tienes mucha fortaleza, entonces es que estás acabado.*
- *Eres de baja calidad si no puedes soportar la adversidad, la presión que produce estrés.*

Solo como ilustración observemos las consecuencias de ceder a la presión, el estrés, la depresión, las crisis, los traumas, en definitiva, cargas que nos cuestan llevar

Y antes de...

Suicidio siempre será una mala palabra. Aunque se pretenda adornarlo con poemas y con canciones, y con caracolas y sirenitas se quiera atenuar el efecto de una autoeliminación, el cortamiento de una existencia arremete violentamente contra su propósito de ser en la tierra y ocasiona una cadena de dolor y de sufrimiento que, casi siempre, marca salvajemente la psiquis de los deudos y de amigos entrañables que querían compartir la vida porque, la muerte, no pueden.

Pongamos a un lado aquellos suicidios por protestas, que sólo tiene eco sonoro si el suicida enarboló – según otros así lo consideran – una causa justa, y también a los suicidios que se dieron por parte de cristianos confesos en países detrás de la cortina de hierro que, al ser conminados a rechazar públicamente el cristianismo, so pena de tortura y muerte, prefirieron declarar que Jesucristo es el Señor y quitarse la vida. Aquello pertenece a lo escaso y extraordinario; pero, viéndolo bien: ¿acaso hay muchos nombres que se recuerdan, cual si hubiesen dejado algún legado verdaderamente trascendente?

Mejor habla la vida. ¡Siempre es así! Todo ser humano tiene el deber de dejar una buena huella; el suicidio, casi siempre, se encarga de borrarla. La vida es dura y es, muchas veces, cuesta arriba; unas veces será por circunstancias fuera del control personal, otras veces también por malas decisiones, por negligencias, por aún no haber desarrollado distinciones para enfrentar airosos la vida; pero la oportunidad sigue adelante, quizás no la misma, quizás muy diferente, pero como bien reza un proverbio: *"Aún hay esperanza para todo aquel que está entre los vivos; porque mejor es perro vivo que león muerto."*

Del suicidio se ha dicho también que es *"la valentía de los cobardes"*, pero también *"la cobardía de los valientes"*, y ha pasado su triste sombra por la mente de muchos, de más de los que comúnmente se piensa. Por eso aquí, desde el amor a la vida, y desde el compromiso de *honrar la vida*, como lo escribió Eladia Blásquez, nos disponemos como un corazón no sólo científico, sino de ayuda y asistencia, en real empatía, dispuestos a ser una posibilidad de vida para otros.

Bibliografía

Altieri D. Mortalidad por suicidios en Argentina Nivel, tendencia y diferenciales. IX Jornadas Argentinas de Estudios de Población. Asociación de Estudios de Población de la Argentina, Huerta Grande, Córdoba, 2007. Https://www.aacademica.org/000-028/25.

Álvarez Solís M., Agudelo Bedoya M., Estrada Arango P., Arturo Posada Correa F. Adolescent depression and suicide ideation. Artículos ciencias humanas y sociales. Universidad Pontificia Bolivariana. Volumen XII, 2009 CIDI 30.

Amezcua-Fernández R. El papel de la familia en el intento suicida del adolescente. Salud pública de México / vol.47, no.1, enero-febrero de 2005.

Basile H. Prevención del suicidio: Evento y Entorno. Artículo publicado en la Asociación Española de psiquiatría infanto juvenil, AEPNYA. Suicidio e intento de suicidio. Protocolos 2018.

Bellaa M., Acostaa L., Villacéa B., López de Neiraa M., Endersa J., Fernándeza R. Analysis of mortality from suicide in children, adolescents and youth. Arch Argent Pediatr 2013;111(1):16-21.

Bella M., Fernández R., Willington J. Identification of risk factors in child and adolescent suicide attempts. Rev Argent Salud Pública, 1(3):24-29.Junio 2010.

Bella M., Fernández R., Willingtonc J. Depression and the conduct disorder are the most frequent pathologies in child and adolescent suicide attempt. Argent Pediatr 2010;108

Burgos G., Narváez N., Bustamante P., Burrone S., Fernández R. y Abeldano A. Family functioning and suicide attempts at a public hospital of Argentina. Psychological Research Records 7 (2017) 2802–2810.

Buitrago C., Constanza S. Factores de riesgo asociados a conductas suicidas en niños y adolescentes. Archivos de Medicina (Col), vol. 11, núm. 1, enero-junio, 2011, pp. 62-67.

Casullo M. Ideaciones y comportamientos suicidas en adolescentes: una urgencia social. Anuario de Investigaciones, vol. XII, 2005, pp. 173-182.

Ceballos-Espinoza F. Suicidio adolescente y Otredad: La ballena azul dentro del aula. VI Congreso Internacional de Psicología y Educación. Lima. 2017.

Cortés Alfaro A., Suárez Medina R., Serra Larín S., Methods and substances involved in teen suicide. Rev Cubana de Medicina Grall Integral 2019;35(4): e1105.

Díaz Seoane P. Hablemos de duelo. Manual práctico para abordar la muerte con niños y adolescentes. Fundación Mario Losantos del Campo (FMLC). Octubre de 2016. España.

Durkheim Èmile. El suicidio: estudio de sociología. Editorial Losada. 2004.

Gracia García A, Barrera Francés, M.J. Bel Aguado. Suicide risk factors in childhood and adolescence: A review. Rev. psiq infanto-juvenil; 2006; Número 1-3-4.

Guibert Reyes W., Torres Miranda N. Intento suicida y funcionamiento familiar. Rev. Cubana Med Gen Integr 2001;17(5):452-60.

Kelleyian Manoukian Ana G., Espiritual Mente. 3era. Edición. Buenos Aires, Argentina. 2018.

Kelleyian Manoukian Ana G., (Compilad.) Psicología Cristiana y Neuroteología Bíblica. 2da. Edición. Buenos Aires, Argentina. 2018.

Lineamientos para la atención del intento de suicidio en adolescentes. Dirección nacional de Salud mental y adicciones. http://www.msal.gob.ar//2018.

López Steinmetz L. Psychopathological risk factors in suicide attempts. Ciencias Psicológicas 2017; 11 (1): 89 – 100.

Malo, Pablo, Evolución y Neurociencias. Publicado en Blog del 28 de abril de 2018.

Mosquera L., Conducta suicida en la infancia: Una revisión crítica. Revista de Psicología Clínica con Niños y Adolescentes. Vol. 3. Nº. 1 – Enero 2016 - pp 9-18.

Organización Mundial de la Salud. Equipo de Trastornos Mentales y del Comportamiento. (2001) Prevención del suicidio: un instrumento para docentes y demás personal institucional. Valladolid: Fondacion Intras. https://apps.who.int/iris/handle/10665/66802.

Pérez-Chán M., Familia multiproblemática como factor en el desarrollo de la ideación e intento suicida en adolescentes. Salud en Tabasco, vol. 21, núm. 2-3, mayo-diciembre, 2015, pp. 45-54.

Pugliese S. Indicadores de riesgo de conducta suicida en una muestra de Adolescentes. Subjetividad y Procesos Cognitivos, vol. 19, núm. 1, enero-junio, 2015, pp. 228-245.

Red Argentina de periodismo. Comunicación, infancia y adolescencia. Fondo de las Naciones Unidas para la Infancia (UNICEF).Http://www.unicef.org//.2017.

Revista Prescribe en ocasión del 15Th. World Congress of Psychiatry in Buenos Aires, 18-22 September, I Encuentro Científico Internacional y III Encuentro Científico Argentino de AMEPSA. 23 de Septiembre 2011.

Rodríguez Chinea, Sandra, Blog: Hablemos de neurociencias. 7 de setiembre 2017.

Romo E., Lourdes L.; Ayala Mira M. Relación entre ideación suicida, depresión y funcionamiento familiar en adolescentes. Psicología Iberoamericana, vol. 22, núm. 2, julio-diciembre, 2014, pp. 72-80.

Royo Moya J., Martínez Moneo M. Depresión y suicidio en la infancia y adolescencia. Pediatr. Integral 2012; XVI (9): 755-759.

Salamanca Camargo Y., Pérez Gómez N. Relationship between self-esteem and suicidal ideation in colombian adolescents. Rev. psic. GEPU. Vol. 8 No. 1, Junio de 2017.

Silva, L. (2019). Suicídio entre crianças e adolescentes: um alerta para o cumprimento do imperativo global. Acta Paulista de Enfermagem. 32. III-IVI. 10.1590/1982-0194201900033.

Tendencias21.com., boletín semanal. 14 mayo 2019.

Vásquez-Rojas R., Quijano-Serrano M., Cuando el intento de suicidio es cosa de niños. Rev colomb psiquiat. 2013;43(S1):36–46.

Zelaya de Migliorisi L. Piris de Almirón L. , Miglioris B. Suicide Attempts in Children and Adolescents. A Mask of Child Abuse. Rev Pediatr. (Asunción), Vol. 39; N° 3; Diciembre 2012; pág. 167 – 172